真の問題解決能力を育てる算数授業

―資質・能力の育成を目指して―

西村圭一 編著

明治図書

はじめに

　「子供たちが，身近な地域を含めた社会とのつながりの中で学び，自らの人生や社会をよりよく変えていくことができるという実感を持つ」（中央教育審議会，2015）ことが求められています。
　このことに異を唱える教師はいないでしょう。その一方で，日々の多忙さや目先の評価に追われ，ついつい大きな展望をもつことを忘れてしまいがちです。近年，その傾向がいっそう強まっているように感じるのは，私たちだけではないはずです。
　社会は急速に変化し続けており，「自らの人生や社会をよりよく変えていく」ためには，これまで大切にされてきた以上の能力が必要になることは明らかです。例えば，情報があふれる社会において，数理を用いた意思決定のプロセスに参画したり，批判的に検討したりできない人は，他者の示した結論に一方的にしたがうか，ただ異を唱えるだけしかできなくなってしまいます。

　このような話をすると，「これまでだってそうだった」「算数・数学の基礎・基本を身につけるのが先」と言う方がいますが，本当にそれでいいでしょうか。
　確かに，高校までの学びを基盤に，大学や職場での教育を通してこのような能力を身につけている人がいる一方で，学校数学の学びが算数・数学の世界内にとどまったものになり，実社会で活用できないまま「剝落」している人も少なくないのが現状ではないでしょうか。
　子どもの努力はもちろん，私たち教師の努力も，彼らの将来の人生において実を結ぶようにしたいものです。このような想いを込めて，本書のタイトルを「真の問題解決能力を育てる」としました。
　そして，私たちは，「真の問題解決能力」として，算数・数学の内容や考え方を基盤に判断や意思決定をする力，すなわち，「数理科学的意思決定能力」に焦点を当て，算数・数学の「実用性」ではなく，むしろ「人間形成」

や，その先にある「社会形成」「文化創造」の視点から，検討を重ねてきました。この点に，本書の提案が従来の算数・数学科の「枠」を越えたものになっている背景があります。

　本書で「真の問題解決能力」として焦点を当てた「数理科学的意思決定能力」は，長期的に育成を図っていく必要があります。それには，学年や学校種によって代わる教師が，互いの実践をつないでいく必要があります。その意味では，本書を参考に，読者のみなさんが新たな実践をされ，それを共有していくことでこそ，私たちのめざす教育が実現すると言えます。本書の中学校編の授業プランもご覧いただき，個から学校全体へ，小学校から中学校へ，中学校から高校へと，実践の輪が広がっていくことを願っています。

　なお，本書は，平成25年４月から３年間にわたる，日本学術振興会科学研究費補助金・基盤研究（Ｂ）『数理的意思決定力の育成に関するホリスティック・アプローチ研究』の研究成果をまとめたものです。この研究には，本書の執筆者以外に以下のものが参画しています。
厚美香織（神奈川県立小田原高等学校），新井健使（東京学芸大学附属国際中等教育学校），上田大悟（東京都あきる野市立増戸中学校），上野耕史（国立教育政策研究所），小澤真尚（筑波大学附属中学校），後藤貴裕（東京学芸大学附属国際中等教育学校），櫻井順矢（山梨県教育庁義務教育課），島田功（日本体育大学），鈴木和幸（電気通信大学大学院），田中紀子（愛知県立豊田西高等学校），中逸空（青稜中学校・高等学校），長崎栄三（国立教育政策研究所名誉所員），成田慎之介（東京学芸大学附属国際中等教育学校），浜田兼造（埼玉県さいたま市立大宮南中学校），本田千春（東京学芸大学附属国際中等教育学校），茂木悟（宮城県仙台第三高等学校），吉成優希（鎌倉女学院中学校・高等学校）
平成28年７月

西村　圭一

Contents

はじめに

■ 第1章
■ 真の問題解決能力を育てる
■ 算数授業とは？

❶ 真の問題解決能力を育てるために················10

❷ 子どもは実社会の問題を解決できる？················14

　1　「体力測定」の問題
　2　「スポーツ飲料」の問題
　3　「走り幅跳び」の問題

❸ 「意思決定」の場面を授業に位置づけよう！················21

第2章
真の問題解決能力を育てる授業のデザイン

❶ 授業デザインのためのフレームワーク 30

❷ 授業デザインの視点 35
  1 授業デザインの2つのポイントと5つの原則
  2 デザインする視点と説明モデルの変化
  3 実際の授業デザイン

❸ 教材づくりの視点 46
  1 友達と話し合って解決したくなる「問題状況」を設定する
  2 「合意形成」が適度に難しい問題を用いる
  3 育てたい「プロセス能力」を明確にする
  4 多様な「選択肢」が生まれるようにする
  5 「数学的－社会的価値」を実感させる

❹ 評価の視点 55

■ 第3章
■ 教師の発問から子どもの反応まで詳しくわかる！
■ 真の問題解決能力を育てる
■ 授業プラン

対象学年　2年〜

"みんなが楽しめる"お楽しみ会のプログラムをつくろう！……………65
学年末に

対象学年　3年〜

みんなが納得するさつまいもの分け方を考えよう！……………71
「わり算」「あまりのあるわり算」の学習後

対象学年　4年〜

3年生の担任に伝統工芸展への行き方をアドバイスしよう！……………77
遠足や社会科見学の前

対象学年　5年〜

幅跳びの代表選手を決めよう！ ……83
「平均」の学習後

クラスのみんなが納得する運動会の赤白分けを考えよう！ ……89
運動会の前

学童農園の畑にどのじゃがいもを植えたらよいかな？ ……97
じゃがいもの種芋を購入するころ

栄養士さんに提案するリクエスト給食の献立を考えよう！ ……103
家庭科「栄養を考えた食事」の学習後

どのイルカウォッチングツアーに行くかを決めよう！ ……111
「割合」の学習後

対象学年　6年

プロ野球応援アイスクリーム屋さんを開くにはどうしたらよいかな？ ……117
4月中旬ごろ

全員安全に避難するにはどこに津波避難タワーを建てたらよいかな？ ……127
校内避難訓練の後，「速さ」の学習後

全校投票で選ばれるように親しみやすいキャラクターをつくろう！ ……133
柱状グラフ（ヒストグラム）の学習中・後

第4章
これから求められる「資質・能力」の育成に向けて

グローバル化と問題解決能力の育成 ……………………………………… 140
Depaul University　高橋　昭彦

意思決定：その定式化の課題 ……………………………………………… 143
独立行政法人統計センター　椿　広計

教科横断的な視座から見た課題 …………………………………………… 146
国立教育政策研究所　松原　憲治

汎用的能力の視座から ……………………………………………………… 149
国立教育政策研究所　後藤　顕一

第1章

真の問題解決能力を育てる算数授業とは？

❶ 真の問題解決能力を育てるために

　学年や学校段階が上がるにつれ、算数・数学学習に対する肯定的な意識は低下していく。また、学習内容が増加するにもかかわらず、現実事象に対する問題解決能力が伸びているとは言い難い。このような指摘は、近年、何度も繰り返されてきたことである。

　とは言え、日本の子どもや成人の数学的リテラシーやニューメラシーの状況は国際的には極めて良好であることが、OECDによる生徒の学習到達度調査（PISA）や国際成人力調査（PIAAC）から明らかになっている。現状維持ではいけないのだろうか。

　2015年8月、中央教育審議会教育課程企画特別部会が14回の部会審議の後、取りまとめた「論点整理」では、2030年ごろまでの社会を視野に入れ、学習指導要領改訂の背景を次のように述べている。

○予測できない未来に対応するためには、社会の変化に受け身で対応するのではなく、主体的に向き合って関わり合い、その過程を通して、一人一人が自らの可能性を最大限に発揮し、よりよい社会と幸福な人生を自ら創り出していくことが重要である。

○そのためには、教育を通じて、解き方があらかじめ定まった問題を効率的に解ける力を育むだけでは不十分である。これからの子供たちには、社会の加速度的な変化の中でも、社会的・職業的に自立した人間として、伝統や文化に立脚し、高い志と意欲を持って、蓄積された知識を礎としながら、膨大な情報から何が重要かを主体的に判断し、自ら問いを立ててその解決を目指し、他者と協働しながら新たな価値を生み出していくことが求められる。（後略）

学習指導要領改訂で見据えられているほど長い射程で将来を見通していたわけではないが，私たちの研究グループが，本書で記述されているような研究・実践を始めた動機は同様のものであった。

　もちろん，「そもそも算数・数学の学びは，社会とは切り離されたものだ」「産業界の望む人材育成に荷担する必要はない」という声もある。しかし，算数・数学教育にかかわる者として，算数・数学の重要性を切実に感じながらも，学校段階が上がるにつれて「蓄積された知識を礎としながら，膨大な情報から何が重要かを主体的に判断し，自ら問いを立ててその解決を目指し，他者と協働しながら新たな価値を生み出していく」状況から離れていく現状に楔を打ちたいと考えたのである。

　例えば，次の問題に，子どもはどのように対応するだろうか。

> 　あなたのクラスでは，「千羽鶴」をつくることになりました。学校の休み時間だけを使って折るとすると，折り紙で1000羽の鶴を折るのに，何日かかるでしょうか。

　1羽の鶴を折るのにかかる時間，鶴を折ることができる時間，クラスの人数などは与えられていないことから，これらを子ども自らが設定しなければならない。鶴を折ることが苦手な子どもの存在に目を向ければ，1人が同じ数ずつ折るかどうかも吟味の対象となる。あらかじめ決められた条件に基づいて「正答」を導くのではなく，条件をも議論の俎上に載せ，クラスの合意を得ることが必要になる。

　このような活動では，子どもは日々の生活や経験に照らして考えを巡らせることになるが，"これが算数の問題なの？"と思われる先生方も少なくないように思われる。上の問題と次に示す問題とでは，算数の授業でどちらを扱うだろうか。私たちは，この質問を，全国の小・中・高・中高一貫校（中等教育学校を含む）の先生方に行った（清水他，2015）。表1-1はその結果である。

> さちこさんのクラスも,「千羽鶴」を折ることになりました。さちこさんは,1羽の鶴を折るのに,だいたい1人3分はかかると考えました。そして,学校の給食後の休み時間30分だけを使って,30人の友だちみんなで折るとすると,1000羽の鶴を折るのに何日かかるかを考えています。
>
> さちこさんの計画だと何日かかるでしょうか。どのように考えたかも説明しましょう。

表1-1 「千羽鶴」の2つの問題に対する教師の反応（授業で扱うのは？）

	小	中	高	中高	全体
①冒頭の「千羽鶴」の問題	36%	45%	50%	44%	45%
②新たに示した「千羽鶴」の問題	60%	54%	47%	50%	52%

　小学校の先生方は,他の学校種に比べて①の反応率は低い。さらに,その理由を自由記述で確認すると,
　「②は算数的であるが,①は算数の指導内容ではない」
といった意見が約27%,
　「①は子どもが取り組みにくく,解決が困難である」
といった意見が約22%,
　「学校教育の場としては②で十分である」
といった意見が約7%,
　「時間がかかりすぎる」
といった意見が約6%で,これらは他の学校種の先生方よりも,強いものであった。
　一方,①とする先生方では,
　「多様な考え方や個々の考えを深められる」

といった意見と，
　「話し合いながら解決できる」
といった意見がともに約11%，
　「場面が現実的である」
といった意見が約７％であった。
　「このような問題の解決に必要な力は児童・生徒が身につけなければならないものである」
といった意見は約２％（他の学校種も２～４％）にすぎなかった。

　「折り鶴」の例は，学校生活における意思決定の場面であるが，言うまでもなく，現代社会において，社会的な意思決定を要する多くの場面では，数理科学的な根拠に基づく意思決定がなされている。そのプロセスに参画したり，批判的に検討したりする力がないと，他者の示した結論に一方的にしたがうか，ただ異を唱えるだけになってしまう。これでは，持続可能で民主的な国の形成者に資する教育とは言えないであろう。
　このような力の育成は容易なことではない。だからこそ，小学校から高等学校にわたる学校教育の全段階において，その発達段階に応じた文脈の中で，意思決定に資する真の問題解決能力をはぐくんでいく必要があると考えるのである。

❷ 子どもは実社会の問題を解決できる？

　授業の話に入る前に，私たちが行った調査から，子どもの実態を見ておこう。この調査は平成23年に国公立の小中高の児童・生徒を対象に行われた。本節では，この中の公立校に着目し，小6（94名），中3（132名），高2（69名）の解答の分析（清水他，2015）を通して，子どもの実態について述べる。

1　「体力測定」の問題

> 　北小学校では，2008年から児童の体力を伸ばす取組を行ってきました。次の表は，次の5つの種目についての2007年から2010年の5年生男子の記録の平均値です。
>
> ソフトボール投げ（m），50ｍ走（秒），1000ｍ走（分 秒），上体起こし（回）　握力（kg）
>
> | | ソフトボール投げ(m) | 50ｍ走（秒） | 1000ｍ走（分 秒） | 上体起こし（回） | 握力（kg） |
> | --- | --- | --- | --- | --- | --- |
> | 2007年 | 27 | 9.0 | 4分8秒 | 20 | 18 |
> | 2008年 | 28 | 8.8 | 4分7秒 | 22 | 20 |
> | 2009年 | 32 | 9.2 | 4分6秒 | 21 | 21 |
> | 2010年 | 34 | 9.1 | 4分10秒 | 23 | 22 |
>
> 　校長先生は，体力を伸ばす取組の成果が表れているのかどうかと悩んでいます。5年生の男子の体力が伸びていると言えるか，言えないかを判断しましょう。そう判断した理由も説明しましょう。
> 　言える　・　言えない（どちらかに○をつけましょう）

　「言える」「言えない」のどちらを選んだかにかかわらず，2010年の結果と他の年を比べて，「体力を伸ばす取組の成果」が表れた種目とそうではない種目を分けて説明できた児童・生徒は，小6が67％，中3が75％，高2が65％であった。小学生としてはまずまずの結果であったととらえられる。

しかし，この問題では，単なる経年比較で結論を導いたのでは十分とは言えない。数理的な根拠に基づく自分なりの"基準"を設けるなどして，他者が納得できるような説明が求められる。

　このような観点から児童・生徒の解答をより深く調べてみると，いずれの学校種においても，最も多かったのは「2007年と他の年を比べて，よくなった種目とそうでない種目を整理し，その種目数で判断している」解答であり，全体の3～4割がこれに該当した。ここでは，「種目数」が"基準"になっている。次いで多かったのは，「5つの種目から『体力』にかかわる種目を限定し比較している」解答であった。

　この問題で注目したい解答は，自分で基準を設けて数値化しているものである。具体的には，種目ごとに順位をつけ，これを得点化して判断している解答や，各種目の変化量を求めるとともに，記録の値が大きいほど好成績な種目とその逆の種目があることを考慮して判断している解答である。正答，誤答に関係なく，このような数値化のアイデアを用いた児童・生徒の割合は，小6が21％，中3が9％，高2が18％であり，小学生は中高生よりも高い値であった。

　しかし，この中には，数値化はしているが順位を誤っているものや，記録の値が小さいほど好成績となる種目を考慮せずに判断している誤答も多く見られた。これを除いた正答は，小6と中3が3％，高2が1％であった。表1-2から，自分で基準を設けて数値化している児童・生徒は少ないこと，また，数値化のアイデアはもってはいるが，適切に数値化し，これを最終的な判断に正しく用いることができた児童・生徒は極めて少ないことがわかった。

表1-2　数値化した割合

	小6	中3	高2
数値化（正答）	3％	3％	1％
数値化（誤答）	18％	6％	17％

2 「スポーツ飲料」の問題

あきらさんの学校は，スポーツ飲料「ポカリウス」の粉末を600袋もらいました。これを夏休みに活動するクラブに分けることにしました。

夏休みに活動するクラブの人数と活動日数は，次の表の通りです。

クラブ	人数	活動日数
バスケットボール	20	14
サッカー	50	12
テニス	30	18

クラブ	人数	活動日数
バドミントン	15	8
合唱	25	24
理科	10	24

あなたなら，それぞれのクラブに何袋ずつ分けますか。どのように考えたかも説明しましょう。

「スポーツ飲料」の問題は，人数，活動日数，部の活動内容（体育部と文化部，活動場所が屋内か屋外か等々）などを考慮して，スポーツ飲料をそれぞれの部にどのように振り分ければよいかを決定する問題である。

ここでは，多くの変数（項目）に着目する必要があるが，児童・生徒がはじめに目を向けるのは「人数」であると予想した。そして，これを踏まえた上で，少なくとも2つ以上の変数（例えば，「人数」と「活動日数」）からの考察を期待した。

この点から児童・生徒の解答を，正答，誤答にも着目して整理した結果は，表1-3の通りである。

表1-3 変数（項目）への着目

	小6	中3	高2
2つ以上に着目（正答）	17%	23%	16%
2つ以上に着目（誤答）	1%	11%	0%
1つだけに着目	53%	46%	75%

正答，誤答に関係なく，人数，活動日数，部の活動内容などのうち，「2つ以上の項目を加味し，それに基づいて配分した解答」は，小6が18％，中3が34％，高2が16％であり，「1つの項目だけに着目し配分した解答」を大幅に下回った。

　さらに，2つ以上の項目を加味した解答を調べてみると，「人数」と「活動日数」に着目して，〔「人数」×「活動日数」〕という"指標"をつくった児童・生徒は，小6では94名中5名，中3では132名中10名，高2では69名中2名であった。「体力測定」と同様に，自分で基準などを設けて数値化している児童・生徒は極めて少なかった。

　ところで，この問題では「比」の考え方を正しく用いることができることも，問題の解決に重要である。

　この点を考えて，私たちの調査では，先に示した「スポーツ飲料」の問題（問題Ⅰ）と同様な文脈において，次の表を示して「クラブの人数だけを考えて『ポカリウス』の粉末120袋を分ける」問題（問題Ⅱ）を用意し，問題Ⅰの解答後に問題Ⅱを配付して解答させた。

クラブ	人数
バスケットボール	16
吹奏楽	24
サッカー	20

　その結果，人数だけを考え，これに「比」を用いて正しく配分できた児童（小6）は54％であり，半数以上の子どもは正答を得ることができた。

　さらに，問題Ⅱの正答者が問題Ⅰでどのような解答しているかを調べたところ，その結果は表1-4のようになった。児童は「比」について，ある程度の理解はなされているものの，複数の項目に着目しての考察はなされない傾向にあり，「人数」だけに着目している割合が高いことがわかった。

表1-4　問題Ⅱの正答者の問題Ⅰの解答（小6）

2つ以上に着目（正答）	18%
2つ以上に着目（誤答）	0%
1つだけ（例えば，人数）に着目	41%

3 「走り幅跳び」の問題

　学校対抗の陸上大会があります。担当の村田先生は，「走り幅跳び」の選手1名をだれにするか悩んでいます。「走り幅跳び」は，1人が3回跳び，その中で最も遠くまで跳んだ人が優勝となります。昨年までの2年間の優勝記録は，次の通りです。

年	2009年	2010年
優勝記録	403 cm	385 cm

　村田先生は，選手を選ぶために，下の表の昨日と今日の記録を見ています。×の印は，ファール（記録なし）を示しています。

「走り幅跳び」の記録

昨日		1回目	2回目	3回目	4回目	5回目
	ひでき	355 cm	345 cm	385 cm	360 cm	370 cm
	ようすけ	×	375 cm	353 cm	390 cm	365 cm
	わたる	400 cm	×	315 cm	402 cm	×

今日		1回目	2回目	3回目	4回目	5回目
	ひでき	×	369 cm	372 cm	375 cm	386 cm
	ようすけ	376 cm	×	357 cm	386 cm	374 cm
	わたる	×	×	×	320 cm	405 cm

　あなたなら，「ひでき」「ようすけ」「わたる」のうちのだれを選手にしますか。そう考えた理由も説明しましょう。

　この問題では，記録（平均値や最大値など）とともに，ファールの回数を考慮して，これをどのように処理するかが判断の着眼点である。例えば，ファールを除いた平均値とファールの回数（またはファールする確率）に着目したり，各個人の最大値や最小値（ファールを除く）とファールの回数（またはファールする確率）に着目したりして，選手を決定することを期待した。

着目すべき変数（項目）が複数ある点は「スポーツ飲料」と同様であるが，「スポーツ飲料」では，これがすでに数値化されている。これに対し，この「走り幅跳び」では，「ファール」をどのようにとらえるかで，違いがあると考えた。

　記録の平均値や最大値などとともに，ファールの回数を考慮に入れて解答しているものに目を向けると，「記録とファールの回数の両方」と「記録かファールの回数のどちらかだけ」に着目した割合は，表1-5の通りである。

表1-5 「走り幅跳び」の解答状況

	小6	中3	高2
記録とファールの回数の両方	30%	40%	64%
記録かファールの回数のどちらかだけ	62%	47%	30%

　平均値や最大値などにファールを加味して判断した児童・生徒の割合は，小6が30%，中3が40%，高2が64%で，学校種が上がるにしたがって，反応率が高くなる。これまでの問題とは傾向が異なるが，「走り幅跳び」という場面に依存しているとも考えられる。この問題では，小学生は1つの項目で判断する傾向にあるが，高校生は複数の項目に着目して判断する傾向があった。

　算数教育では「問題解決的な学習」がこれまで以上に強調されているが，その文脈で展開される数学的活動は，既成の数学の追発見を志向するものであることが多い。上述の子どもの実態からは，現実世界の問題を数理的視座から真に考察する数学的活動を経験させることの重要性を再認識する必要があることがわかる。

❸ 「意思決定」の場面を授業に位置づけよう！

　真の問題解決能力を育てるために，私たちは「数理科学的意思決定」の場面を授業に位置づけることを提案している。
　「数理科学」は，
「数学を中心とし，数学から生まれた統計学や応用数理などの分野と，数学教育や数学史など数学と他の学問分野との境界分野を合わせた学問分野」
（日本学術会議数理科学委員会数理科学分野の参照基準検討分科会，2013）
である。
　「意思決定」は，認知心理学では，
「ある複数の選択肢（alternative）の中から，1つあるいはいくつかの選択肢を選択すること」（竹村，1996，p.81）
と定義されている。さらに，小橋（1988）は，意思決定は，
「選択を正当化する理由づけをさがすこと」（p.40），
「なぜある選択肢を選んだのかその理由が自他に対して容易に説明できて，その正しさが弁護できることが人間には重要」（p.49）
であるとしている。
　これらの指摘を見ると，私たちは意思決定の連続の中で行動しているが，熟考を要する場面や合意形成を要する意思決定の場面では，選択の根拠が重要であり，その前提として，質の高い「選択肢」の必要性が確認される。
　これらを踏まえながら，「数理科学的意思決定」の過程を次のようにとらえる。

> 　意思決定を要する現実世界の問題を数学的に定式化し，数学的処理を施し，数学的結果を得る過程を辿り，複数の選択肢を創出した上で，その中から，根拠を明確にしながら合意形成を図り，何らかの決定を行うこと

まず，現実世界の問題を数学の問題に定式化する。次に，その数学の問題に対して数学的（数理的）処理を施し，数学的（数理的）結果を得る。この過程を繰り返しつつ，複数の選択肢を創出した上で，その中から根拠を明確にしながら合意形成を図り，何らかの決定を行うことになる。

　こうした一連の過程は，「数学的モデル化」の過程と類似しているが，数学的モデル化では，現実世界をより適切に記述する数学的モデルの構築に主眼が置かれる。それに対し，「数理的科学的意思決定」の過程では，あくまで意思決定に主眼が置かれる。

　つまり，幅広い選択肢の検討が質の高い意思決定につながると考え，基準や仮定を吟味しながら，定式化から数学的（数理的）結果までの過程を繰り返すことになる（図1-1）。

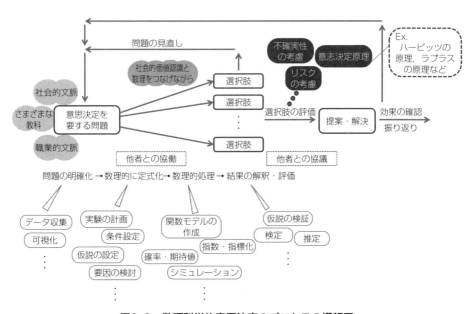

図1-1　数理科学的意思決定のプロセスの構想図

また，このような意思決定の過程では，顕在的あるいは潜在的の違いはあっても，問題状況のとらえ方や，問題解決に必要となる数学の選択，合意形成などの全般にわたって，当事者の様々な価値観が付与され，意思決定の質や内容を左右することは容易に想像されよう。
　この「数理科学的意思決定」のプロセスにかかわる下位能力群やそのフレームワークについては，第2章で具体的に示す。

　ここでは，「数理科学的意思決定」のプロセスを実現する授業の構想について，簡単に述べておく。
　まず，児童・生徒は，意思決定を要する場面に対し，個人や小グループで数学的（数理的）な手法や論理的な考え方を駆使して「選択肢」を創出する。次に，学級で，お互いの根拠や背後にある価値観を明確にしながら，それらの「選択肢」を吟味する。そして，合意形成を図ったり，より妥当性のある解決策を考えたりする。
　このような授業では，問題場面に対する児童・生徒の価値観が顕在化する。これまでの，価値観のような人間の感情がかかわるような問題は扱う必要はなく，あたかも世の中から独立した中立な事象を考察しているかのように振る舞ってきた算数・数学教育とは質の異なる算数・数学教育を指向することになる。

　このような授業の構想に際して参考にしたのは，イギリスで開発されたBowland Maths.[1)]である。これは，現実的な問題や子どもたちが興味をもちやすい問題を取り上げ，その思考過程に即して学習を進めるもので，題材も興味深いものが少なくない。次章の❸で取り上げる「ワクチン接種」の問題もそうである。
　ここでは，例として，「宇宙人の侵入」という題材を取り上げておく。これは，「学習旅行で訪れた生徒と教師が，マンフォードシティという街で4機の大型の宇宙船からの攻撃に遭遇する」という設定で，ストーリーの展開

に合わせて問題をペアやグループで協働しながら解決していくものである。テレビのニュース，ラジオ，電話で情報は適宜与えられ，それを基に宇宙船が着陸した正確な場所を特定したり，暗号を解読して捕らえられた者を救出したりする。数学の内容としては，グラフを活用して考察したり，暗号解読のために数列の知識を活用したりすることになる。

図1-2

図1-3

　問題場面はフィクションだが，ここで大切にされていることは，オープンエンドで，問題の解決に多様な内容や方法が含まれていること，ペアやグループでの対話を通して解決の方向の多様性を理解し，その上で，数理科学的な方法が価値あるならば，それを選択していることである。

　このような「意思決定」のプロセスを実現する授業は，次に示すように，今後の学習指導要領の改訂において重視される「資質・能力」と同じ方向を向いていると言えるものである。具体的には，中央教育審議会教育課程企画特別部会の「論点整理」で，学校教育法第30条の学校教育において重視すべき三要素（「知識・技能」「思考力・判断力・表現力等」「主体的に学習に取り組む態度」）と関連させ，今後育成すべき資質・能力を，次の三つの柱で整理することが述べられている。

ⅰ）何を知っているか，何ができるか（個別の知識・技能）
ⅱ）知っていること・できることをどう使うか（思考力・判断力・表現力等）
ⅲ）どのように社会・世界と関わり，よりよい人生を送るか（学びに向かう力，人間性等）

このうち，特にⅱ）に関連して，「問題発見・解決のプロセスの中で，以下のような思考・判断・表現を行うことができることが重要」として，次の３つの事柄を挙げている。

・問題発見・解決に必要な情報を収集・蓄積するとともに，既存の知識に加え，必要となる新たな知識・技能を獲得し，知識・技能を適切に組み合わせて，それらを活用しながら問題を解決していくために必要となる思考。
・必要な情報を選択し，解決の方向性や方法を比較・選択し，結論を決定していくために必要な判断や意思決定。
・伝える相手や状況に応じた表現。

　さらに，「意思決定」の場面を位置づけた授業には，次のような意義がある。
　１点目は，

子どもの算数・数学観を変容させること

である。
　小学校算数は，生活に近い題材を多く取り上げるが，中学校，高等学校と学校段階が上がっていくと，数学の学習内容が自分たちの生活から離れていくように感じる生徒は少なくない。つまり，「何のためにこの内容を学んでいるのか，どのような場面で学んだことを活用するのか」がわかりにくくなる。それが，中学生や高校生の数学学習に対する意欲を下げる原因の１つだと考える。
　本書で取り上げる授業プランは，生活に近い現実的な問題を算数・数学を活用して解決するもので，算数・数学の実用性（有用性）について，子どもたちが再認識するものとなっている。また，必要に応じて新たな条件を付加

して結論を得たりするので,「算数・数学は,与えられた条件のもとで数式などを処理して結論を得るもの」というイメージを突き崩し,「他者と合意のもとで条件などを整え,数式などを処理した後,得られた結論を再びもとに戻して検討していくもの」へと変容させる。当然,同じ条件が与えられたときには得られる結果は同じであるので,算数・数学の合理性も再認識することになるだろう。それから,条件について議論する場面では,それぞれの子どもがもっている多様な価値観をお互いに示すことになるので,算数・数学は個人的な価値観とは無縁と感じていた子どもたちに「親しみやすさ」を感じさせるものになる。

2点目は,

子どもの多様な可能性に気づくこと

である。

通常の算数・数学の授業ではあまり活躍できない子どもが,積極的に意見を述べ,斬新なアイデアを出したり,違った視点からその後の考えを進めるきっかけとなる発言をしたりする場面に遭遇する。通常の授業では見いだせなかった子どもの可能性の出現である。

3点目は,

指導の改善につながること

である。

多くの場合,グループによる問題解決型の学習となるので,どのようにすればグループ内での言語活動を充実させられるのか,どのようにすれば一人ひとりの子どもの考えを生かすことができるのか,などを考えることが,通

常の算数・数学の授業での，主体的・協働的な学びにつながっていくと考える。

　また，算数・数学の学習内容がどのような場面で活用されているのか，生活の中の問題を算数・数学の知識や技能を活用して解決させるにはどのような取り上げ方をすればよいのか，などを考えることで，その事象や算数・数学の知識や技能の新たな側面に気づくことになる。

　さらに，このような実践を行うには，算数・数学のみならず，他教科の内容や指導の在り方も可能な範囲で把握しておく方がよい。中学校や高等学校では，自分の担当教科以外には関心が薄いことも少なくないが，教育課程全般についてある程度の理解があると，他教科の取組のよいところに気づき，取り入れやすくなる。

（西村圭一・長尾篤志・久保良宏・清水宏幸）

〈注〉
1) Bowland Maths. については，以下の Bowland Japan のサイトを参照のこと。
　 http://www.bowlandjapan.org/
　 明治図書『教育科学 数学教育』2013年4月号～2014年3月号で，連載「豊かに生きる力をはぐくむ ICT を活用した問題解決授業づくり」の中で詳しく紹介している。

引用・参考文献

- 小橋康章(1988)『認知科学選書18 決定を支援する』,東京大学出版会.
- 清水宏幸・久保良宏・清野辰彦・長尾篤志・西村圭一(2015)「数理科学的意思決定力の育成に関する調査研究」,日本数学教育学会誌第97巻第9号,pp.2-12
- 竹村和久(1996)「第4章 意思決定とその支援」,市川伸一『認知心理学4 思考』,東京大学出版会,pp.81-105
- 長崎栄三(2001)『算数・数学と社会・文化のつながり〜小・中・高校の算数・数学教育の改善を目指して〜』,明治図書.
- 日本学術会議数理科学委員会数理科学分野の参照基準検討分科会(2013)「大学教育の分野別質保証のための教育課程編成上の参照基準 数理科学分野」.
- 中央教育審議会初等中等教育分科会教育課程企画特別部会(2015)「論点整理」,http://www.mext.go.jp/b_menu/shingi/chukyo/chukyo3/053/sonota/1361117.htm (2016年2月現在)

第2章

真の問題解決能力を育てる授業のデザイン

❶ 授業デザインのためのフレームワーク

　私たちは，数理科学的意思決定（以下，「意思決定」とする）の過程を，

　Ａ．問題状況

　Ｂ．プロセス能力

　Ｃ．数学的－社会的価値認識力

の３つからなる枠組みによってとらえている。

　このうち，ＢとＣは，意思決定の過程で必要となる重要な能力群を意味している。

　Ｂについて，意思決定の過程には，定式化や表現，解釈などの過程が含まれる。私たちは，こうした意思決定の過程で重要になる能力を「プロセス能力」と呼び，それを，
「数学的定式化」
「数学的表現」
「数学的推論・分析」
「解釈・評価」
「数学的コミュニケーション」
の５つによってとらえている。

　Ｃについて，意思決定を伴う問題解決では，現実事象を扱えば扱うほど，個人の価値観や倫理観が顕在化する可能性が高いと予想される。また，そう

した価値観や倫理観が，意思決定の質そのものを左右することもある。こうしたことを踏まえ，私たちは，現実的な問題場面における解決能力を「数理科学的意思決定力」（以下，「意思決定力」とする）としてまとめ，それをとらえるための重要な下位能力の１つに，プロセス能力とともに，「数学的－社会的価値認識力」の軸を設けている。

「数学的－社会的」としているのは，多様な社会的価値を比較・検討する中で，ある特定の数学的アイデアのよさが浮き彫りになるという意味を込めたものである。こうした数学的－社会的価値認識力は，問題状況のとらえ方や，問題解決に必要となる数学の選択，意思決定の過程などの全般に関係し，影響するものであるととらえている。

以上のような，プロセス能力（Ｂ）や数学的－社会的価値認識力（Ｃ）を子細に把握し，それを児童・生徒の指導に生かすためには，ＢやＣからなる意思決定力の様相を体系的に見極めることが重要になる。

こうした認識のもと，私たちは，ＢとＣの能力群を的確にとらえたり，意思決定の場面を位置づけた授業を検討したりするための指標として，表2-1に示すような「意思決定力に関する授業デザインのためのフレームワーク」（以下，フレームワーク）を策定している。

フレームワークの縦軸には，プロセス能力に関する５つの下位能力群と数学的－社会的価値認識力が配置されている。また，横軸には，それらに関する３つの相が設定されている。

表2-1　意思決定力に関する授業デザインのためのフレームワーク

	定義	自己内			他者との相互作用
		相1 自己限定的 (individual)	相2 多様性の萌芽 (beginning of diversity)	相3 社会的 (social)	相α〜γ
B1：数学的定式化 Formulating	現実世界の問題を「数学の問題」に翻訳する（直す）能力	特定の視点に沿って，現実世界の問題を「数学の問題」に翻訳する	異なる視点を設定し，その視点から，現実世界の問題を「数学の問題」に翻訳する	多様な視点を設定し，それぞれの視点から，現実世界の問題を「数学の問題」に翻訳する	他者がどのような視点を設定し，現実世界の問題を「数学の問題」に翻訳したかを理解する
B2：数学的表現 Representing	数学的な表現方法によって，意思決定の過程や方法，結果を表現する能力	特定の数学的表現方法によって，意思決定の過程や方法，結果を表現する	異なる数学的表現方法も検討しながら，意思決定の過程や方法，結果を表現する	問題や目的に応じて，妥当な数学的表現方法を工夫・洗練し，意思決定の過程や方法，結果を表現する	他者の数学的表現方法を通じて，相手の意思決定の過程や方法，結果を理解する
B3：数学的推論・分析 Analyzing	数学的手続きや考え方に基づいて，推論をしたり，問題の構造を分析したりする能力	特定の数学的手続きや考え方に沿って，推論をしたり，問題の構造を分析したりする	異なる視座から，自分なりの数学的手続きや考え方を吟味しながら，推論をしたり，問題の構造を分析したりする	数学的手続きや考え方を自分で工夫したり，つくり出したりしながら，推論をしたり，問題の構造を分析したりする	他者の数学的手続きや考え方を理解し，その視点に沿って推論をしたり，問題の構造を分析したりする

B4：解釈・評価 Interpreting & Validating	もとの現実世界の問題に照らし合わせて，意思決定の過程や方法，結果を解釈し，それらの妥当性を評価する能力	もとの現実世界の問題に照らし合わせて，自分自身の意思決定の過程や方法，結果を解釈する	もとの現実世界の問題に照らし合わせて，自分自身の意思決定の過程や方法，結果を解釈し，それらの妥当性を評価する	もとの現実世界の問題に照らし合わせて，自分自身の意思決定の過程や方法，結果を解釈し，必要があれば，より妥当性を高めるための修正を行う	別のアプローチによる意思決定の過程や方法，結果とも対比しながら，類似点や相違点を比較・検討し，評価する
B5：数学的コミュニケーション Mathematical communicating	意思決定の過程や方法，結果を伝え合う能力	意思決定の過程や方法，結果を自己限定的な言語・表現で伝え合う	意思決定の過程や方法，結果について，他者（一般）を意識した言語・表現で伝え合う	意思決定の過程や方法，結果を相手（特定）の理解状況に応じた言語・表現を選択し伝え合う	他者の意思決定の過程や方法，結果を理解し，自己のそれと比較・検討し，練り上げる
C：数学的－社会的価値認識力 Realizing mathematical and social value	数学的－社会的価値観に基づいて意思決定を行う能力	特定の数学的－社会的価値観に沿って，意思決定を行う	異なる数学的－社会的価値観を踏まえて，意思決定を行う	複数の数学的－社会的価値観を取り入れて，意思決定を行う	他者による新規の数学的－社会的価値観に基づく意思決定を受け入れ，それらを比較・検討し，妥当な意思決定を行う

このフレームワークには，次の2つの特徴がある。

第一は，「自己内」における下位能力群の変容という視座から，各能力に共通する相として，「自己限定的」「多様性の萌芽」「社会的」という3つの相を横軸に設けた点である。

第二は，フレームワークの右側に配置されているように，各能力の相の変容を推進する要因として，「他者との相互作用」という視座を導入した点である。

フレームワークにおける相の設定は，あくまで授業デザインの際の目標概念であり，授業における児童・生徒の能力の様相をとらえる指標として利用されるものである。したがって，フレームワークは，実際の授業や児童・生徒の活動を分析したり，授業をデザインしたりするためのツールとして機能するものでなければ意味がない。意思決定では合意形成の過程が重要になることから，「個」という視座だけではなく，「他者」も無視できない視座になる。このことを踏まえ，「個」の下位能力群の変容を推し進める要因として，「他者との相互作用」の軸を設定した。このことによって，授業デザインの際に，意思決定における他者との相互作用の機会（例えば，ペア，小グループ，練り上げなど）を意図的かつ計画的に工夫することができると考えている。

なお，フレームワークの縦軸には，「数学的コミュニケーション」が配置されているが，縦軸の各項目は，あくまで「個」のプロセス能力に力点を置くものである。その意味において，「他者との相互作用」とは一線を画すものである。

また，授業で展開される「他者との相互作用」にも質的差異や変容があると考えられるため，それらを「$\alpha \sim \gamma$」という指標によって示している。こうした「他者との相互作用」の質的差異や変容の具体については，教材や授業ごとに個別に検討することになる。

（山口武志・西村圭一）

❷ 授業デザインの視点

1　授業デザインの2つのポイントと5つの原則

　意思決定力の下位能力群やそのフレームワークを踏まえ，以下では，意思決定力を育てるための授業のデザインに当たって，2つのポイントを指摘しておきたい。

　第一は，個々の授業をデザインするに当たっての，フレームワークの活用方法である。フレームワークは一般的なものであるため，個々の授業をデザインする場合には，その具体化が必要になる。もちろん，当該の教材や授業ごとに，フレームワーク全体を具体化することが理想である。しかし，実際の授業デザインでは，すべての下位能力の育成がその授業の目標になることもあれば，いくつかの下位能力の育成のみが目標となる場合もある。

　また，学校における普及や利便性を考えるとき，教材ごとにすべての授業について詳細なフレームワークを作成することは，授業者の負担を考慮すると，必ずしも実際的ではない。そのため，本研究における一連の授業実践では，フレームワーク全体の具体化を必須とするのではなく，学習指導案の「目標」に代わって，「プロセス能力と授業の目標」という項目を設け，育成すべき能力を焦点化し，記述することとした。

　第二は，それぞれの授業実践に当たって，表2-2に示すような「意思決定力に関する授業のデザイン原則」を研究メンバー間で共有し，教材づくりや授業デザイン，実践の指針としたことである。

　原則1にもあるように，私たちは，現実的な問題解決という視座から，教材づくりや授業デザインにこだわっている。算数・数学科で取り上げられる問題の多くでは，「実生活の問題」と言っても，その現実性は擬似現実的であったり，結論がクローズドで，解決方法も限定的であったりする場合が多い。こうした現状を踏まえつつ，先行研究の教材も参考にしながら，現実性を有し，オープンエンドな教材づくりを可能な限り目標としている。

表2-2　意思決定力に関する授業のデザイン原則

原則１〔問題状況に関する原則〕
　現実的な問題解決となるように，オープンエンドで実生活の問題を取り上げる。
原則２〔授業目標に関する原則〕
　各授業において育成するプロセス能力や数学的ー社会的価値認識力を「授業デザインのためのフレームワーク」に基づいて明確にする。
原則３〔数理科学的選択肢に関する原則〕
　数理科学的意思決定の判断指標となるような「数理科学的選択肢」の設定過程を重視する。
原則４〔社会的相互作用に関する原則〕
　小グループやペアによる問題解決，教室での合意形成をできるだけ取り入れる。
原則５〔評価に関する原則〕
　児童・生徒の活動や授業を「授業デザインのためのフレームワーク」に基づいて評価し，授業改善や新たな授業のデザインのための示唆を導出する。

　原則２は，前述のように，授業デザインに当たっては，フレームワークに基づいて，当該の授業で育成する下位能力や授業の目標をあらかじめ具体化することを意味する。このことにより，教材づくりの視点や授業のポイントの明確化をねらった。

　原則３について，私たちは，数理科学的論拠を反映した評価式などの判断指標を「数理科学的選択肢」と呼んでいる。それは，当該の問題解決の文脈において，意思決定の拠りどころとなる判断指標を意味する。授業では，児童・生徒が合理的かつ適切な数理科学的選択肢を自ら設定し，それを基に一定の意思決定を行い，合意形成を図る過程を極めて重視している。原則３は

こうした授業デザインの基本方針を反映したものである。

原則4は，フレームワークの右側に配置されている「他者との相互作用」に関する活用原則である。本研究の授業実践では，数理科学的選択肢の設定・選択や，それに基づく意思決定，合意形成など，授業の重要な局面において，小グループやペア，教室全体における社会的相互作用を積極的に活用することとしている。

原則5は，児童・生徒の5つのプロセス能力や数学的－社会的価値認識力の変容をフレームワークに基づいて評価し，その評価結果を授業改善にフィードバックすることを指す。

意思決定の場面を位置づけた授業のデザインに当たっては，以上のような5つのデザイン原則を指針としながら，育成すべき能力や授業のねらいを明確化するとともに，教授・学習過程や評価のポイントなどを検討することとしている。

2 デザインする視点と説明モデルの変化

意思決定の場面を位置づけた授業デザインのためのフレームワークと授業原則に基づき，意思決定を要する場面を意図的に組み入れていく視点を整理してみたい。また，学習科学研究の知見を手がかりとして，その検討課題を整理する。

原則1で指摘したように，現実的な問題解決を視座とする授業デザインでは，算数・数学のみならず，学校や日常生活で身につけた知識やスキルなどを総動員して問題解決に臨むことを念頭に置き，意思決定を要する場面をデザインしていく必要がある。子どもが日常生活経験の中で獲得していく自然発生的な概念である生活的概念（ヴィゴツキー，2001）と学校の学びで習得していく科学的概念に対して，学問や言語などの知識内容には領域固有性がある。ただし，知識の相違や矛盾だけで概念変容をとらえていくことは困難であるため，概念変容の1つであるプリコンセプションに注目する。

高垣（2005）は，子ども特有の概念として，「誤概念」「素朴概念」と対比して，「プリコンセプション」について，「日常生活のさまざまな経験をとおして獲得され，日常生活の事象の解釈や予想を立てることに繰り返し用いられる概念。日常的表象のレベルで暗黙のうちに獲得されているため，いったんある条件が整ったときに自動的・無意識的によび起こされる。プリコンセプションは，一般化された科学的概念の形式を有してはいないけれども，初歩的なモデルあるいは理論の性質を有しているため，すでに科学的概念と競合し，最終的には科学的概念へと変化し得る資質を持つ」（pp.18-19）と解説している。意思決定を要する場面をデザインする際は，プリコンセプションの変容が生ずるようなきっかけづくりを期待したい。

　例えば，Clement（2008）は，概念的楔となるようなモデル形成のために，類推（アナロジー）による橋渡し方略を教授方略の1つとして提案しており，説明モデルの暫時的変化を示している（図2-1）。

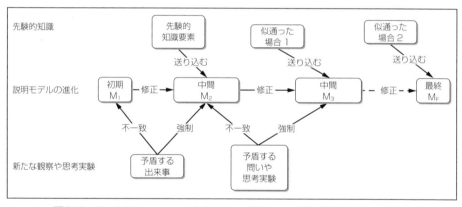

図2-1　Evolution approach for teaching models（Clement, 2008）

　白水（2010）は，「最近の学習科学研究では，協調学習の目標が，定まった『1つ』の答えや理論に学習者を収束させることなのか，未知の答えやモデルを各自がつくっていく過程を支援することなのかに関する論争が起きている」（p.146）と述べている。意思決定を要する場面を意図的に組み入れて

デザインする授業では,後者の協調学習のモデルが合致する。白水は,学習科学研究で得られた知見を参考として,協調学習の学習モデルを提案している(表2-3)。これは,科学的知識に関するClementの概念変化モデル(図2-1)を拡張した,「協調による概念変化モデル」である。この学習モデルの特徴の1つは,レベル3に相当する説明モデルづくりを協調的に行う点である。

表2-3 協調による概念変化モデル(白水,2010,p.148)

	レベル	説明
他人の意見も統合した理論	4. 形式理論原則	科学的と認められる説明の構築
	3. 説明モデル	他人の意見も納得できるモデルの構築
個人でできる観察	2. 質的パタン記述	体験のくり返しによる経験則化
	1. 観察記録	自分の一回性の体験の言語化

意思決定を要する場面をデザインする際には,他者の説明モデルに目を向けるきっかけづくりが必要となる。つまり,他者の説明モデルを参考としながら,自身の説明モデルを見直すことが必要となる。説明モデルは固定的なものではなく,また,他者との相互作用によって,変化し得るものである。フレームワークでは,「自己内」の相1から相3までと「他者との相互作用」の相$\alpha \sim \gamma$を区別している。それは,原則4で指摘したように,意思決定において合意形成の過程が重要であるためである。

このように,プリコンセプションや説明モデルの妥当性に対する自問や,他者の説明モデルの妥当性に対する問いの投げかけが,意思決定を要する場面のデザインに当たって必要となるのではないだろうか。そこで,他者との相互作用を促す談話に目を向けると,子どもたち同士の対話による概念変容を促す対話型談話に対して,教師の提示による概念変容を促す権威的談話があり,双方を視野に入れた授業デザインを意識することが必要だろう。

次項では,意思決定を要する場面を意図的に組み入れてデザインした授業実践をレヴューし,そこから導出される検討課題を指摘する。

3 実際の授業デザイン

じゃがいもを題材とした，小学校における実践事例（本実践を踏まえて改善した授業プランは，第3章「学童農園の畑にどのじゃがいもを植えたらよいかな？」参照）を紹介する。授業は，2014（平成26）年2月24日（火）に，都内公立小学校の5年の児童30名（男児18名，女児12名）を対象として，90分（45分×2）で行われた。

①授業デザイン

テーマは，「どのじゃがいもを植えたらよいかな？」である。授業デザインに当たり，意思決定力の下位能力群やそのフレームワーク全体を記述し直し，次のような授業の目標を設定した。

.... **授業の目標** ....

- （相1）実食を通した味の好みの傾向を二次元表にまとめ，そこから新たな課題について考えることができる
- （相2）複数の資料を読み取り，自分の判断の根拠を単位量当たりの大きさや割合を用いて説明することができる
- （相3）資料を基に複数の項目を考慮して説得力のある説明モデルをつくり，友達の意見も活かしながら合意形成をつくり上げることができる

....

（相1）に相当する活動では，茹でた5種類のじゃがいも（インカのめざめ，キタアカリ，男爵，とうや，メークイン）を実食し，二次元表にまとめる。その上で，じゃがいもを植えるために必要な要素を導出する。

（相2）に相当する活動では，教師があらかじめ準備しておいた資料などを参照しながら，班ごとに話し合いを行い，クラス全体での合意形成を目指した説明モデルを作成する。

（相3）に相当する活動では，班ごとの発表を聞いた後，各自の選択を見

直し，説明モデルを改善する。

　フレームワークの相2と相3では，説明モデルをつくることを想定して，例えば，「B2：数学的表現」「B5：数学的コミュニケーション」のプロセス能力は，表2-4のように記されている。

表2-4　プロセス能力「B2：数学的表現」「B5：数学的コミュニケーション」のフレームワーク

	自己内		
	相1　自己限定的 食を通した味の好みによる個人的な判断をし，個の判断の集合である二次元表からクラス全体の傾向を読み取るまで	相2　多様性の萌芽 味の好みの他に考慮すべき内容を考え，必要な資料を基にし，既習事項を用いながら説明モデルをつくるまで	相3　社会的 複数の項目を考慮して説得力のある説明モデルをつくり，友達の意見も活かしながら折衷案となる合意形成をつくり上げるまで
B2： 数学的 表現	二次元表からクラス全体の好みの傾向を読み取ることで，集団としての意思決定について考えを述べることができる	味の好みの傾向だけでなく，予算と価格，植えつけ量，育てやすさや収穫量に着目し，基準をそろえて比較をする考えを用いて，意思決定をしていく過程や結果を表現している	自分の立場を明確にし，目的に応じた意思決定の過程や結果を，算数の学習における既習事項を用いて表現している
B5： 数学的 コミュニ ケー ション	個人の好みではなく，クラス全体の傾向を意識して植えるじゃがいもの品種を決定するための過程を説明することができる	植えるじゃがいもの品種を決定する過程を，味の好みの傾向と実際の栽培収穫場面の項目や価格について触れ，説明することができる	植えるじゃがいもを決定する過程を味の好みの傾向と作業場面，予算や価格といったあらゆる項目について触れ，適切に説明することができる

②授業の実際

　はじめに，児童らは茹でた5種類のじゃがいもを実食し，食感を頼りに，上位2種を選択した。その後，各じゃがいもの食感と，児童らが選択した上位2位までの好みの味のじゃがいもについて整理した（括弧内は筆者らが補足した）。

A 　[食感]「くりみたい」「あまい」「スイートポテト」
　　[1位] 11名　[2位] 10名
B 　[食感]「水みずしい」「後味がよい」「やわらかい」「あまり味がない」
　　[1位] 1名　[2位] 2名
C 　[食感]「少しかたい」「いつも食べている（おいしい）」
　　[1位] 5名　[2位] 2名
D 　[食感]「やわらかい」「これぞじゃがいも」「ポテトサラダ」「(甘さが)AとBの間」
　　[1位] 4名　[2位] 7名
E 　[食感]「やわらかい」「あまい」「(少し)水みずしい」
　　[1位] 9名　[2位] 9名

　結果を集計後，教師は，本時のテーマへ立ち戻る発問を行い，以下のようなやり取りを行った。

33：58　教師　　「じゃあ，Aにするか」
34：01　児童ら　「いいよ」「え〜」「いやだ」
34：03　教師　　「何でいやなの？　多くの人がいいって言ってる」
34：11　男児1　「上位3位まで植える」
34：21　教師　　「今，どうしてそう思ったの？」
34：29　男児2　「確かにAが好きって言った人はたくさんいるけど，その他にも，みんなそれぞれ好きって言ってるのが違うから」

5種類のじゃがいもの特徴を確認後，二次元表に整理した結果に基づき，どのジャガイモを植えればよいか，改めて選択し直した。選択結果は，A：7名，B：0名，C：4名，D：6名，E：10名であった。
　なお，実食して味比べを行った5種類のじゃがいもは，A：インカのめざめ，B：キタアカリ，C：男爵，D：とうや，E：メークインであった。

　次に，味の好みだけではなく，「育てやすさ」「お金」「生産量（たくさんできる方がよい）」「調理がしやすい」といった要素についても考慮する必要があることを，児童らの意見を基に見いだした。
　教師は，資料「収穫量と育てやすさなど」（図2-2）の他，お金という要素に関連する資料「価格一覧表」（図2-3）を提示した。また，予算を10000円（税抜き9260円）以内という条件を設定した。そして，資料「畑の面積とたねいもの目安」を示し，面積1 m²あたり1 kgの種芋を植えるため，実際の畑の面積（底辺8 m，高さ10 mの直角三角形）40 m²に対して，40 kgの種芋を植えることを確認した。

収穫量と育てやすさなど

品種	男爵	メークイン	キタアカリ	インカのめざめ	とうや
収穫量	たねいもの8倍	たねいもの7倍	たねいもの7倍	たねいもの4倍	たねいもの10倍
育てやすさ	ふつう	ふつう	ふつう	やや難しい	ふつう
いもができるまで	やや早い	ふつう	早い	かなり早い	早い
いもができてから	長もち	ふつう	あまりもたない	あまりもたない	長もち

図2-2　収穫量と育てやすさなど

重量＼品種	男爵	メークイン	キタアカリ	インカのめざめ	とうや
500 g	/	/	/	399円	/
1 kg	238円	268円	278円	498円	315円
3 kg	/	768円	810円	/	930円
5 kg	1150円	1280円	1350円	/	1480円
10 kg	2180円	2380円	2580円	/	2950円

図2-3　価格一覧表

　児童らは，各資料などから，班ごとに植える品種を決定し，その理由をフリップボードにまとめた。以下は，各班の選択した品種と，その理由である。なお，2班と5班は，授業時間内にまとめが間に合わず，「組み合わせて植えたらよい」という結果と班ごとの話し合いの内容を発表した。

1班：**男爵**「安くて，おいしくて，育てやすいし，収穫量が多いから。また，みんなから人気があるから」
2班：**男爵とインカのめざめ**「インカのめざめは，みんなの希望通りだし，男爵は安くておいしい」
3班：**男爵**「唯一予算内で育てやすさなども条件がよい。（式）2180×4＝8720」
4班：**メークイン**「値段が安いし，収穫量が5個のいもの中では，多いから。育てやすさも，難しくないから」
5班：**メークインと男爵20 kgずつ**「予算以内だし，いろいろな味が食べれるから」
6班：**男爵**「理由　安い。収穫量がたくさん。育てやすい。長もちする。40 kg 8720円」

7班：メークイン「10 kg…3　5 kg…1　3 kg…1　合計9188円　理由　男爵より高いけど，表では１番人数が多いから。おいしいし，育てやすさとか全部ふつうだから」

8班：男爵「予算以内で買えるし，長もちするから」

③授業プラン作成のための検討課題

　（相１）に相当する活動では，本時のテーマへ立ち戻る教師の発問（プロトコル参照）が，じゃがいもを植えるために必要な要素を検討するきっかけとなっていた。二次元表に整理した結果から，どのじゃがいもを植えたらよいか，改めて選択し直した結果は，他者を意識したものへと変化を促すきっかけとなっていた。このようなプリコンセプションや説明モデルに対する自問を促す，教師の提示による権威的談話を組み入れることが必要である。

　（相２）に記されている説明モデルは，「自己内」の視座によるプロセス能力として確認できる。例えば，7班は，味の好みが第１位のメークインは，１kg当たりの価格が男爵よりも高く，また，育てやすさが「ふつう」であり，インカのめざめの育てやすさが「やや難しい」ことよりも優位であることに注目している（図2-2参照）。これから，相３への移行を意図した，プリコンセプションの変容を促すための条件整備が検討課題となる。

　（相３）に設定されている，説得力のある説明モデルづくりは確認できなかった。説明モデル構築には，協調による概念変化モデル（表2-3参照）のレベル２からレベル３への引き上げが必要である。合意形成を図ることができる説明モデル構築として２班や５班が主張していた，複数のじゃがいもを組み合わせて植える意見に焦点を当てて，レベル３の説明モデルづくりを行うことも想定できる。その際，様々な資料を基にした指標づくりが期待される。例えば，「収穫量と育てやすさなど」の資料内の保存期間について，「長もち」（２点）「ふつう」（１点）「あまりもたない」（０点）といった点数化を行い，他の要素も組み合わせた数学的表現を期待したい。

（松嵜昭雄・山口武志）

❸ 教材づくりの視点

第1章の❸にも述べたように，私たちは，「数理科学的意思決定」を，

> 意思決定を要する現実世界の問題を数学的に定式化し，数学的処理を施し，数学的結果を得る過程を辿り，複数の選択肢を創出した上で，その中から，根拠を明確にしながら合意形成を図り，何らかの決定を行うこと

と定義している。

それゆえ，意思決定力を育てるためには，定義の中に書かれている活動を経験できる教材をつくることが必要となる。そこで，意思決定の定義を分析的にとらえ，核となる教材づくりの視点を整理すると，図2-4として表される。

図2-4　意思決定力に関する教材づくりの視点

1 友達と話し合って解決したくなる「問題状況」を設定する

　日常生活における意思決定の多くは，主観的，直観的な意思決定であり，数理的に導かれた根拠に基づいた意思決定であることは少ない。日常生活での判断は，他者と合意形成をしなくても，自己の判断で事足りる場合の方が多く，意思決定を行わなくても済んでしまうからである。

　しかし，意思決定者の状況が変わると，合意形成の必要性が高まり，意思決定が重要になってくることがある。例えば，学校の教員，会社員，国内の政策決定者，国家間の契約を決定する立場の者といったように，状況が変化すると，かかわりのある集団が拡大するため，客観的，論理的な意思決定が必要になってくる。この状況という概念に関して，示唆的であるのは，PISA（Programme for International Student Assessment）（国立教育政策研究所，2004）の分類である。PISAでは，状況と児童・生徒との「距離」，並びに，「数学の記号や構造が現れる程度」によって，状況を分類している。

　私たちは，数理的に導かれた根拠に基づきながら，合意形成を行い，意思決定する力の育成をねらっている。この合意形成という活動が顕著に現れ，そして困難な場面となる典型は，国際的な問題に関する状況においてであろう。それゆえ，私たちは，「国際的」という状況を加え，次の6つに分類される状況を想定しながら，教材づくりを考えていく。

表2-5　教材に反映させる問題状況の分類

A．問題状況
A1：私的　　…生徒の日々の活動に直接関係する文脈
A2：教育的…学校生活に現れるような文脈
A3：職業的…職業の場面に現れるような文脈
A4：公共的…生活する地域社会における文脈
A5：国際的…国際社会における文脈
A6：科学的…科学に関連する文脈

2 「合意形成」が適度に難しい問題を用いる

　本研究では，根拠を明確にしながら合意形成を図り，何らかの意思決定を行うことを目指している。その際，合意形成は目的としての側面だけでなく，方法としての側面ももっていることに注意したい。合意形成をする過程では，根拠を明確にすることの必要性が自覚され，その根拠の追究が行われたり，他者に自分の考えを明瞭に伝えるための表現方法が洗練されたりするといった努力がなされる。この過程自体に，形式陶冶的価値が見いだされる。

　したがって，合意形成は目指すが，必ずしも，合意形成がなされなければならないと狭く考えてはおらず，合意形成をしようとする過程が重要であると考えている。

　このように考えているため，教材をつくる際には，容易に合意形成がなされてしまう文脈ではなく，合意形成に適度な困難性が有するような文脈を設定する。具体的な問題（櫻井，2015）を用いて，その意味を説明しよう。

「バスケットボールの選手選抜」の問題

　武田中学校のバスケットボール部は，部員数8名で活動している。次の大会に向けて，監督は8名のうち，試合に出る5名を選出し，残りの3名を控え選手としなければならない。

　次の表は，各選手の身長，最近1か月の練習試合でその選手が決めた得点の合計，及び，監督による評価をまとめたものである。選手を選んだ理由については，後日，選手の保護者の前で説明しなければならない。

　そこで，監督は次の表に基づいて選手を選ぶことにした。2，3，6の3名を選んだところで，あと2名をだれにするか決めかねている。

　あなたが監督であるとして，選手1～8のうち，どの2名を選手にするか1～8の記号で答えなさい。

また，その2名の選手を選んだ理由について，保護者の前でどのように説明するか，実際に説明しなさい。

選手	身長(cm)	得点(点)	監督による評価（A：優れている，B：ふつう，C：やや劣る）					
			スピード	スタミナ	シュートのうまさ	ディフェンス	ミスの少なさ	部活動出席率
1	175	4	C	B	B	B	A	A
2	172	10	A	B	B	A	B	A
3	164	18	B	B	A	B	A	A
4	161	8	C	A	C	A	B	A
5	156	20	A	A	A	C	B	C
6	150	24	A	B	A	A	A	B
7	146	8	A	B	C	A	A	A
8	138	14	A	C	A	B	B	B

　「バスケットボールの選手選抜」の問題において，生徒は身長，得点数，監督による6つの評価項目を基に，選手を選抜する。つまり，量的データと質的データが複数与えられた状況で判断することが求められている。これらの項目から判定する一般的な方法はなく，生徒は方法を独自に生み出す必要がある。

　本問題では，合意形成に適度な困難性を生み出すために，分析するデータの中に，量的データと質的データの両方を含めるとともに，「部活動出席率」という要素を含めている。量的データと質的データの両方が含まれることによって，数学的処理に多様性が生まれる。また，「部活動出席率」は，部活動に取り組む真剣さを表す1つの指標でもあり，選抜する際の価値観をゆさぶる役割を果たす。これらが，合意形成に適度な難しさを生み出すことになる。

　一方，「保護者への説明」という制約を設けることによって，根拠を明確にし，第三者に対して説得力のある形で選抜しなければならないことを意識させている。この第三者への説得も，合意形成に適度な難しさを生み出す役割を担っている。

3 育てたい「プロセス能力」を明確にする

　子どもが問題を考察し，意思決定を行う場合，フレームワークで示したどのような「B．プロセス能力」が想定されるのかについて，吟味しながら教材をつくる必要がある。その作成過程は，どのようなプロセス能力を育成したいかという問いを念頭に置きながら，問題文の追加や修正を行うという反復的な作業となる。そして，最終的に，プロセス能力の明確化が行われる。

　先の「バスケットボールの選手選抜」の問題を例に，記述されたプロセス能力の一部を示す。

B２：数学的表現

　本問題では，「保護者への説明」という状況から，公平・公正な考えが求められる。そのため，すべての要素を考慮に入れて数値化したり，根拠を明確にしていくつかの要素に限定して数値化したりするなど，様々な方法で考え，表現することが期待できる。

　具体的に言えば，監督による評価項目のＡ，Ｂ，Ｃをどのように扱うかが最初の着眼点になる。例えば，Ａを３点，Ｂを２点，Ｃを１点として割り当てることで，各選手の総合得点を簡単に求めることができる。他にも，Ａを４点，Ｂを２点，Ｃを１点とすれば，「Ａ」にいっそうの重みづけをした数値化となる。量的データである身長や得点についても，170cm 以上は３点などといった数値を割り当てることが考えられる。

B５：数学的コミュニケーション

　本問題における「保護者への説明」が，数学的コミュニケーションに強く結びついている。自分たちが，どの項目に重きを置いて選手を比較したのかを明確にして他者に伝えなければならない。

　具体的には，主として「①重きを置いた項目とその妥当性」「②重みづけの仕方とその妥当性」の２点が議論やコミュニケーションの対象となり得る。①は，例えば，部活動の出席率を重視することの妥当性が，対象となる。出

席率は部員同士のチームワークや，本人の今後の成長にも影響するから，他の項目よりも重視すべきであるといった議論が予想される。②は，出席率の評価を2倍換算にするのか，3倍換算にするのかといった重みづけの仕方に関する議論である。

教材づくりにおいて，上記のような，各プロセスにおける具体的な活動の明確化は，不可欠な作業である。また，この作業は，これまで行われてきた数学的概念の教材づくりでは見られない，特徴的な作業となる。

4　多様な「選択肢」が生まれるようにする

意思決定では，1つの決定をするに当たって，多様な選択肢を創出して検討したり，すでに選択肢が限定されている場合には，それらの選択肢を選出するまでの過程を明確にした上で，検討したりすることが重要となる。

ここで，選択肢を創出する問題として，Bowland Maths. の教材「outbreak」のActivity3を例に見てみることにする。

「ワクチン接種」の問題

より多くの人々をウイルスの感染から守るための作業が続けられている。あなたは，ロンドンのある地区の人々に対するワクチン接種を任されている。このウイルス感染を防ぐためのワクチンには2種類ある。どちらも100%感染を防ぐことはできないが，次の表のように，それぞれ異なる割合で感染を予防できる。

	ワクチンの成功率	1人あたりにかかる費用
ワクチンA	95%	8.00ポンド
ワクチンB	70%	3.50ポンド

また，表にあるように，2種類のワクチンにかかる1人あたりの費用は異なる。あなたには，945,500人の予防接種対象者に対して，

> 5,000,000ポンドの予算が与えられている。
> 　どのようにすれば最も効果的にワクチンを接種できるかを決めるのはあなた次第である。計画のワークシートを使って，どのようにワクチンを接種するか決定せよ。

　この問題には，問題文の他に，全人口に対する，ある職種の人数の割合を示したデータが付帯されている。この問題を社会的価値観を付与せずに，言わば形式的に解くとすれば，連立方程式を立て，その処理をすることになるだろう。

$$\begin{cases} A+B=945500 \\ 8A+3.5B=5000000 \end{cases}$$

　Bの値を求めると，569777.77…となるので，若干の解釈を行い，B＝569778，A＝375722を得る。この結果から，ワクチンAを375722人分，ワクチンBを569778人分接種すればよいと考える生徒が想定される。

　ここまでは，連立方程式の利用によく見られる「買い物」の問題と同様の解決である。だが，この後，真の問いを考えていくことになる。「569778人分のワクチンAをだれに接種すればよいのだろうか」「ワクチンBの成功率は70％であるので，成功率が高いワクチンAを多くの人に接種すべきではないか」「ワクチンBは全員に接種し，残金を用いて，ワクチンAを接種すべきではないか」などの問いである。選択肢を創出しながら，これらの問いに答え，適切な接種方法を探っていくことになる。

　教材づくりに当たっては，問題文の中に，選択肢を設定するのかどうかを検討する。先の「バスケットボールの選手選抜」の問題は，5人の生徒の中から2人の選手を選抜するので，問題文の中に選択肢が設定されている問題として位置づけられる。一方，「ワクチン接種」の問題は，どのようにワクチンを接種するかを決定する問題であり，選択肢を創出する問題として位置

づけられる。選択肢を創出した上で，それを選択する根拠を議論する授業を行うのか，それとも，与えられた選択肢を選択する根拠について議論する授業を行うのかを決定する必要がある。

5 「数学的－社会的価値」を実感させる

実社会の問題について考察し，意思決定をする際には，数学的－社会的価値が影響してくる。

ここで，「数学的－社会的」としているのは，多様な社会的価値を比較・検討する中で，ある特定の数学的アイデアのよさが浮き彫りになるという意味を込めているからである。また，社会的価値といったとき，様々な価値が想定されるが，その一部を列記すると，「公平性・公正性・平等性」「多様性・多面性・協調性」「責任性・自律性」「持続性・恒常性・一般性」「効率性・有限性」「快楽性・愉悦性」などが考えられる（西村，2013）。

教材をつくる際には，どのような数学的－社会的価値を議論させたいのかを考え，それらの価値が顕在化するような状況や文脈を設定する必要がある。

例えば，「バスケットボールの選手選抜」の問題では，「保護者への説明」が必要となるため，まず，公平・公正に関する価値観が顕在化すると考えられる。また，監督の立場から判断をするため，責任性に関する価値観も顕在化するだろう。そして，選手選抜のため，選手の多面性を見ることが必要となり，多面性に関する価値観が顕在化すると考えられる。したがってこれらは，「公平性・公正性・平等性」「多様性・多面性・協調性」「責任性・自律性」に該当する。

最後に，これまでの算数・数学教育では，あまり光が当てられてこなかった内容であるが，意思決定を行うに当たって重要となる内容に光を当てて，教材づくりを行っていくことについて述べておきたい。

例えば，指標の作成である。本研究では，「Ｂ２：数学的表現」において，指標をつくり，意思決定する力の育成も期待している。多数の資料から，重要な要素を抽出し，その要素間の関係を構築し，資料を代表する基準を設定する能力は，これからの社会で活躍する児童・生徒にとって，必要な能力であると考える。よって，指標づくりを重視した教材づくりも進めていく。

　また，不確実性の事象に対して，決定木を用いて解決するような教材づくりも行っていきたい。例えば，何人かの選手の中から，１人の走り幅跳びの代表選手を選ぶという問題について考える。ある候補選手は好記録をねらって全力で助走をして跳べば，420 cm 程度のジャンプができる。その代わり，２割程度の確率でファールしてしまうというリスクを負う。ファールしないように注意して，助走をやや抑えて走れば90％の確率でファールはしないが，記録は380 cm 程度に抑えられてしまう。このような選手がいたとき，どちらの選手を選ぶかという問題である。

　これを決定木で表すと，次のようになる。

　それぞれの選択肢の期待値を求めると，全力の場合は420×0.8で336 cm，セーブして跳んだ場合は380×0.9で342 cm となり，見込みの高いのはセーブして跳んだ場合ということになる。

　これは一例であり，決定木の結果だけに基づいて意思決定を行うわけではないが，上記のような教材についてもつくっていきたい。

（清野辰彦・青山和裕）

❹ 評価の視点

意思決定力の評価については，❷で述べた授業原則のうち，次の原則5が基本となる。

> **原則5〔評価に関する原則〕**
> 児童・生徒の活動や授業を「授業デザインのためのフレームワーク」に基づいて評価し，授業改善や新たな授業のデザインのための示唆を導出する。

意思決定の場面を位置づけた授業をデザインする際には，❶で示したフレームワークに沿って，当該の授業の目標や展開を具体化していくことが基本になる。そのことを踏まえ，教師が児童・生徒の意思決定力の実態を評価したり，自らの授業を省察したりする際にも，当該の授業に沿って具体化されたフレームワークを参照することが基本になる。

上記の原則5は，こうした「指導と評価の一体化」に関する基本方針を示したものである。

例えば，表2-6は，本研究においてつくられた授業「親しみやすいキャラクターをつくろう」（小学校6年）に関するフレームワークの実際である（冨樫，2015；山口・西村，2015）。

この授業では，当該校で実際に推進されていた「歯の健康づくり」というテーマに沿って，「よい歯バッジ」（図2-5）の新デザインを作成する活動に取り組んでいる。その活動の中核は，全校児童から「親しまれる」バッジの新デザインを考案することにある。

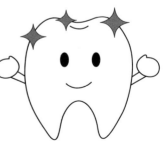

図2-5　よい歯バッジ（例）

この授業における意思決定に関する活動の本質は,「親しみやすさ」を客観的に判断するための数理科学的選択肢を設定し,それを基に教室内において「親しみやすさ」に関する合意形成を図ることにある。つまり,何らかの数量化の指標によって,「親しみやすい」という形容詞表現をメタ的に考察することが,本教材における活動の本質である。

　この授業では,「プロセス能力と授業の目標」が,次のようにあらかじめ設定されており,Ｂ１（数学的定式化）とＢ２（数学的表現）の２つに焦点が当てられている。

> 　Ｂ１：数学的定式化とＢ２：数学的表現に重点を置く。特に次の２点を評価する。
> ①データを取り,根拠をもって説明することができる。
> ②問題解決基本３フェーズ（Ⅰ：現象把握,Ⅱ：因果探求,Ⅲ：対策実行）を通して,調査の方法を考え,得られたデータについて推論・分析できる。

　こうした目標をフレームワークに沿って具体化したものが,表2-6である。

表2-6　フレームワークの具体化の一例（冨樫，2015）

	自己内			他者との相互作用 相α〜γ
	相1 自己限定的	相2 多様性の萌芽	相3 社会的	
B1：数学的定式化	指示された「目の位置」に着目して、より親しみやすいキャラクターに改善する方法を考察する	「目」「鼻」「口」など自分なりの視点を設定し、その視点から、より親しみやすいキャラクターに改善する方法を考察する	振り返りで他者の視点を取り入れて、「目」「鼻」「口」以外にも新たな視点から、より親しみやすいキャラクターに改善する方法を考察する	他者がどのような視点を設定し、より親しみやすいキャラクターに改善する方法を考察したかを理解する
B2：数学的表現	ヒストグラムや代表値の中から指示された統計的表現によって、キャラクターを改善する過程や方法、結果を表現する	ヒストグラムや代表値の中から自分なりの統計的表現を選択し、キャラクターを改善する過程や方法、結果を表現する	ヒストグラムや代表値の中から妥当な統計的表現を用いて工夫・洗練し、キャラクターを改善する過程や方法、結果を表現する	他者の統計的な表現方法を通じて、相手のキャラクターを改善する過程や方法、結果を理解する

例えば、授業における「数学的定式化」に関するプロセス能力の評価に当たっては、表2-6に沿って、その実態を把握し、評価することになる。具体的には、図2-6のように、目の位置に着目した「親しみやすさ」に関する数量化の方法やその多様性などを見取り

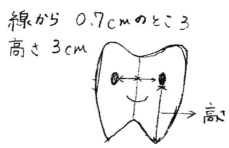

図2-6　ある児童による「親しみやすさ」に関する数量化

ながら、「数学的定式化」に関する能力の様相や変容を評価することになる。

　なお、本研究では、このような「原則5」に基づく評価の充実のために、アンケートを別途につくり、能力群の様相や変容を分析するための基礎資料とすることとした。このアンケートには、「小学校用」と「中・高等学校用」の2種類がある。また、それぞれには、「アンケートA」と「アンケートB」がある。アンケートAは、当該の問題を扱う授業の最終時に実施するものである。アンケートBは、最終時以外の授業において実施するものである。

　表2-7はその一例であり、小学校用のアンケートAである。項目1の（1）～（6）は5つのプロセス能力と数学的－社会的価値認識力に関する評価項目である。具体的な対応は表2-7に示す通りである。また、（7）は情意面に関する評価項目である。さらに、（8）と（9）は数学観の変容に関する評価項目である。アンケートAとアンケートBの違いは、項目1の（8）と（9）、項目2の有無である。授業実践全体を通じた能力群の変容を見るために、アンケートAでは、項目1の（1）～（7）に加えて、これらの項目が追加されている。

　本研究では、上述のようなフレームワークに基づく評価とともに、こうしたアンケートの結果も参照しながら、個々の授業における子どもの意思決定力の実態を総合的に評価し、指導にフィードバックするようにしている。

（山口武志・西村圭一）

表2-7 アンケート例(小学校用「アンケートA」)

1．今日の算数の授業についておたずねします。次の(1)〜(9)について，あなたの考えにもっとも近いものをア〜エの中から1つ選び，○でかこんでください。[選択肢は略]
(1) 今日の授業では，算数を使って問題を解こうとしました。＜数学的定式化＞
(2) 今日の授業では，自分の意見や考えをしっかりもちました。＜数学的推論・分析＞
(3) 今日の授業では，自分の意見や考えを，言葉や数，式，図，表，グラフなどに表しました。＜数学的表現＞
(4) 今日の授業では，自分の意見や考えを，友だちに言いました。＜数学的コミュニケーション＞
(5) 今日の授業では，友だちの意見や考えを聞いて，自分の意見や考えと比べたり変えたりしました。＜数学的－社会的価値認識力＞
(6) 今日の授業では，みんなで話し合いながら考えたり決めたりしたことで，最初の問題をよりよく理解することができました。＜解釈・評価＞
(7) 今日の授業は楽しかったです。
(8) 今日の授業のように，みんなで考えたり決めたりする授業をまた受けたいです。
(9) 今日の授業のように，みんなで考えたり決めたりする学習は，将来，役立ちます。

2．今日の授業をこれまで受けてきた算数の授業とくらべたとき，違うところがありましたか。□のなかの「ある」か「ない」を○でかこみ，「ある」場合には，あなたが違うと思ったことを書いてください。[回答欄は略]

3．今日の授業で，あなたはどのようなことを学びましたか。自由に書いてください。[回答欄は略]

【注】1について，4つの選択肢は，「ア　とても思う」「イ　思う」「ウ　あまり思わない」「エ　まったく思わない」である。

引用・参考文献

- Clement, J. (2008). The role of explanatory models in teaching for conceptual change. In S. Vosniadou (Ed.), *International handbook of research on conceptual change* (pp.479-506). New York, USA : Routledge.
- 松嵜昭雄（2015）「数理科学的意思決定力を育成する授業デザインの構想―プリコンセプションの変容と説明モデルの暫時的変化への着目―」，日本数学教育学会『第3回春期研究大会論文集』，pp.35-42
- 西村圭一（研究代表）『社会的文脈における数学的判断力の育成に関する総合的研究』，科研費研究成果報告書.
- 櫻井順矢（2015）「数理科学的意思決定の過程を重視した授業に関する研究―『バスケットボールの選手を選ぼう』を例にして―」，日本数学教育学会誌第97巻第5号，pp.2-10
- 冨樫奈緒子（2015）『第6学年・算数科学習指導案：親しみやすいキャラクターを作ろう』，（2月19日実施）.
- 白水始（2010）「9章　協調学習と授業」，高垣マユミ『授業デザインの最前線Ⅱ―理論と実践を創造する知のプロセス―』，北大路書房，pp.136-151
- 高垣マユミ（2005）「2章　新しい授業理論の構築」，高垣マユミ『授業デザインの最前線―理論と実践をつなぐ知のコラボレーション―』，北大路書房，pp.17-32
- ヴィゴツキー，L. S. 著（柴田義松訳）（2001）『新訳版　思考と言語』，新読書社.
- 山口武志・西村圭一（2015）「授業実践による数理科学的意思決定力に関する水準表の記述性および規範性の検証」，日本数学教育学会『第3回春期研究大会論文集』，pp.27-34

第3章

教師の発問から子どもの反応まで
詳しくわかる！

真の問題解決能力を育てる授業プラン

第2章では，授業のデザインについて示した。本章では，これに基づく，11の授業プランを示す。
　はじめに，これらの授業プランの利用の仕方や，授業を行う上での共通する留意点について，第2章との重複は避けつつ挙げておこう。

① 意思決定を要する場面にする

　子どもたちが解決の必要性を感じる問題場面を提示することは，合意形成までを意図する上で不可欠なことである。11の授業プランでも，何らかの合意形成が必要な場面を用意している。

　ただし，それらはあくまでそれぞれの執筆者の目前の子どもに対するものである。したがって，授業を実施するに当たっては，ご自身の目前の子どもたちに合わせてアレンジする必要がある。

　そうは言っても，授業プランのような状況が私の学校にはないという方もいるだろう。そのようなときは，子どもに他者を納得させる役割をもたせるようにする。例えば，授業プランの「幅跳びの代表選手を決めよう！」「どのイルカウォッチングツアーに行くかを決めよう！」などがそうである。場面とともにデータを提示し，「このようなとき，みんなだったらどうする？」「どういう決め方をしたら，みんなが納得するかな？」という意識づけをすることになる。

　これに対して，「"みんなが楽しめる"お楽しみ会のプログラムをつくろう！」「学童農園の畑にどのじゃがいもを植えたらよいかな？」などは，授業プランと同様に，各々の学級でデータをとり，それを分析して意思決定をしていく展開が可能である。もちろん，集まったデータによっては，授業プランとは異なった展開になることも十分考えられるが，そこにおもしろさがある。

　まずは，それぞれのタイプで授業実践をしてみていただきたい。

なお，本書の授業プランは，学校や地域といった身近な文脈における意思決定が中心になったが，社会科や総合的な学習の時間と関連させ，より広い文脈の意思決定を扱うことも考えられる。

② どの学年でも実践可能である

　授業プランの問題は，算数・数学的に多様な内容，方法を内在している。子どもたちは，実世界での多様性と相まって，算数・数学的にも多様なアプローチをする。したがって，扱える学年に幅がある。換言すれば，「この問題は，この内容を学習した，この学年で扱う」といった発想ではなく，問題に対峙させることで，それぞれの学年に応じた意思決定に取り組み，そのことにより，真の問題解決能力を育てることができると考えている。

　なお，私たちのこれまでの実践授業において，子どもたちが授業者が想定していたよりも簡単な算数・数学しか用いなかった，ということがあった。内容の学習に比して真の問題解決能力が育成されていない実態の表れととらえ，中・長期的な展望で授業を位置づけることが大切である。

③ 授業時に留意してほしい点

　①のように工夫をすると，ときに子どもは，提示された問題場面の多様性に惹かれて，算数・数学を用いる方向とは異なった方向へ向かうことがある。軌道修正をしたくなるところであろうが，まずはそれも解決の一方向として受け入れるようにする。なぜなら，そのような場合，子どもは「自己限定的」に考えていることが多く，それが「多様性の萌芽」「社会的」と進む契機となるからである。

　すなわち，対話を通して解決の方向の多様性を理解し，その上で，数理科学的な方法が価値あると気づき，それを選択する，というプロセスを大切にしたい。

それぞれの授業プランで，意思決定を促す手立てとして，ペアやグループで協働的に思考する機会を設けていることも，同様の理由からである。その際に留意したいことは，各々が考えをもった上で，ペアやグループでの対話を行うことである。「絡まった糸」を想起してほしい。何の計画もなく，みんなでいじっても，事態は悪化するばかりである。それぞれが状態をよく把握し，解決案をもった上で，どうするかを話し合い，その上で取りかかる方がよいだろう。意思決定においても同様で，個々が考えをもたない上でいきなり話し合わせても，日頃の子どもたち同士の人間関係が表れるだけである。「プロ野球応援アイスクリーム屋さんを開くにはどうしたらよいかな？」でジグソー学習法を取り入れていることの背景には，このような考えがある。

　もっとも，個人の考えをもった上でも，「"みんなが楽しめる"お楽しみ会のプログラムをつくろう！」「栄養士さんに提案するリクエスト給食の献立を考えよう！」のような学級の問題を扱うと，子どもが問題に入り込み，そのような人間関係が如実に表れ得る。このようなときは，教師の働きかけが極めて重要である。例えば，机間指導で「その考え方でみんなが納得するかな？」「納得するってどういうことかな？」などと投げかけていく。また，ペアやグループで考えさせている際に「多様性の萌芽」にある状況を見つけ出し，学級全体で共有し，「自己限定的」な考えと対比させ，「どんな点が違うのか」「よいところはどのようなところか」を考えさせる。

　学級経営的と思う方もいるかもしれないが，このことは，長期的なビジョンに照らすと，その意義がおわかりいただけよう。私たちは，社会的な意思決定を「力のある集団」に任せるだけではなく，意思決定のプロセスに参画したり，数理を用いて批判的に検討したりできる市民の育成をめざしているからである。「満足すること」と「納得すること」の違いや，全体の「総和」としての満足度を追求するだけではなく，ときには，満足度が最小になる人の満足度を最大にするような配慮が必要なことを学ぶことは，価値観を伴う意思決定において，重要な意味をもつことを念頭において授業をしたい。

対象学年　2年〜　学年末に

"みんなが楽しめる"お楽しみ会のプログラムをつくろう！

❶ 問題場面

> "みんなが楽しめる"お楽しみ会のプログラムをつくろう。

　お楽しみ会の計画を立てることは，低学年の子どもたちにとって，身近な意思決定の場面である。

　本授業プランは，みんなが好きな遊びや今年がんばったことに関するアンケートの結果や活動時間，活動場所などを考慮して班や学級で話し合い，学級のみんなが楽しめるお楽しみ会のプログラムをつくろうというものである。

　本教材は，国語科の1・2年の指導事項である「互いの話を集中して聞き，話題に沿って話し合うこと」の学習と関連づけて扱うことも可能である。

❷ 意思決定を促す手立て

1　自分の考えをもちやすい場面を設定し，考えをもつ時間を確保する

　集団での合意形成・意思決定を行う際には，どの児童も自分の考えをもって話し合いに参加することが大切である。

　そこで，第1時では，時間などの条件を明言せずに，個人で自由にプログラムを考えさせる。また，班や学級での話し合いの前には，必ず自分の考えをもつための時間を取るようにする。

2 自分の考えと集団の傾向・条件とを対峙させる

　第2時のはじめにアンケートの結果や時間を提示することで,「自分がやりたい活動はアンケートで上位にはない」「自分がつくったプログラムでは時間がオーバーしてしまう」などという矛盾を生じさせ,前時で作成したプログラムを修正する必要感をもたせる。

3 プログラムの"つくり方"のよさを考えさせる

　学級全体での話し合いでは,「どのプログラムがよいか」ではなく,「どのプログラムの"つくり方"がよいか」を問うことで,意思決定のプロセスに焦点を当て,各班の考えのよさを活かしながら集団における合意形成を図る。

❸ 授業展開例

1 目標

・アンケート結果,時間などを考慮してプログラムをつくり,そのプログラムをつくった理由を友達に伝えることができる［B1,B5・相2］
・自分や友達のつくったプログラムを,根拠を明らかにして評価し,それぞれのよさを活かしながら合意形成をすることができる［B4・相3］

2 指導計画（3時間扱い）

	学習活動
第1時	・個人でお楽しみ会のプログラムを考える。 ・つくったプログラムを班で発表し合う。 ・「学級のみんなが楽しめるとよい」「2年生でがんばってきたことを入れるとよい」などの考え（価値観）を明らかにし,学級全員の意見を取り入れる方法として,アンケートを実施する。
第2時	・アンケート結果とそれぞれの活動にかかる時間を見て,再び個人でプログラムを考える。 ・つくったプログラムとその理由を発表し合い,班で1つのプログラムをつくる（班での合意形成）。
第3時	・班ごとに,考えたプログラムを学級で発表し合う。 ・各班のプログラムの"つくり方"のよさを考えながら,学級で1つのプログラムをつくる（学級での合意形成）。

3 主な発問と予想される児童の反応（○指導上の留意点・■評価）

第1時

1 課題把握（5分）

T 2年生の最後に，学級でお楽しみ会をしましょう。どんなことをやりたいですか？

> お楽しみ会のプログラムをつくろう！

○どんなことをやりたいかを自由に挙げさせ，お楽しみ会のイメージを膨らませる。

2 個人解決（10分）

T お楽しみ会の時間は45分間です。理由や工夫したところも書いて下さい。
○ワークシートを配付する。

3 班の中での発表（15分）

T では，自分が考えたプログラムとその理由や工夫したところを班で発表し合いましょう。

C 私のつくったプログラムは…です。歌は<u>みんながんばって練習してきたから</u>やるといいと思いました。

C 僕が考えたプログラムは…です。理由は，氷鬼は<u>みんなが好きだから</u>入れました。

C 私のプログラムは…です。工夫したところは，<u>たくさん遊べるように，（時間を考えて）全部教室でできる遊びにした</u>ところです。

○友達の発表を聞いて「いいな」と思ったところはメモをしておくように促す。

■友達のつくったプログラムのよさを見つけている。

4 振り返りと次時に向けて（15分）

T 友達の発表を聞いて，いいなと思ったプログラムの"つくり方"はありましたか？

C Aさんはみんながんばってきた思い出に残っていることを入れていて

よいと思いました。
C　B君はみんなが好きでいつもしている遊びを入れているのがよいと思いました。
C　Cさんです。時間のことも考えているからです。
○「みんなが好きな遊び」や「がんばってきたこと」に焦点が当たらないようであれば、学級全体に「２年生の最後のお楽しみ会をどんな会にしたい？」と投げかけ、引き出すようにする。
T　なるほど。では、みんなが好きな遊びや２年生でがんばったことを調べるために、アンケートをとってみましょう。それぞれの活動にかかる時間も、調べておきますね。
T　次の時間は、アンケートの結果を見て、もっとよいプログラムを考えてみましょう。
○第２時までに、第１時で児童から挙がった意見を基にアンケートを作成、実施しておく。

第２時

5　課題把握（10分）

T　これが、アンケートの結果とそれぞれの活動にかかる大体の時間です。

みんな「すきなあそび」ランキング			「２年生でがんばったこと」ランキング	
【教室】				
１位	フルーツバスケット	12分間	１位	ドッジボール（体育）
２位	たからさがし	10分間	２位	学しゅう発表会
３位	歌・ダンス	きょくによってちがうだいたい５分間	３位	町たんけん（生活）
４位	マジックショー	１組　２分間	４位	九九（算数）
５位	クイズ	10分間	５位	音読（国語）
【グラウンド】				
１位	こおりおに	10分間		
２位	ドッジボール	15分間		
３位	だるまさんがころんだ	7分間		
４位	なわとび	8分間		
５位	手つなぎおに	10分間		

> アンケートの結果を見て、"みんなが楽しめる"お楽しみ会のプログラムをつくろう！

○ "みんなが楽しめる" ためには，どんなことを考えなくてはいけないかを学級全体で確認する。

6　個人解決（10分）

T　前の時間に自分で考えたプログラムを考え直してみましょう。

C　「みんなが好きな遊び」を考慮

1	こおりおに
2	マジックショー
3	フルーツバスケット
4	たからさがし
5	ドッジボール
6	歌・ダンス

理由や工夫　みんなが楽しめるように，「すきなあそび」ランキングにあることを入れた。

C　「がんばったこと」「活動場所」を考慮

1	手つなぎおに	外
2	なわとび	外
3	リレー	外
4	九九クイズ	中
5	町たんけんクイズ	中
6	歌・ダンス	中

理由や工夫　「がんばったこと」ランキングに入っている九九と町たんけんをクイズにする。外で遊んでから中で遊ぶようにした。

C　「時間」を考慮

1	こおりおに	10分間
	移動	5分間
2	いすとりゲーム	10分間
3	けんばんハーモニカ	5分間
4	マジックショー	4分間
5	なぞなぞ	6分間
6	歌・ダンス	5分間

理由や工夫　時間を計算した。移動する時間も入れて考えると，全部で45分だからぴったり終わる。

■アンケート結果や時間を考慮してプログラムをつくることができる。
■自分がつくったプログラムのよさを理解している。

7　班の中での発表（10分）

T　それでは，自分が考えたプログラムとその理由や工夫したところを班で発表し合って下さい。友達の発表を聞いていいなと思ったところは，メモをしておきましょう。

■つくったプログラムとその理由を友達に伝えることができる。

8　班での合意形成（15分）

T　では，班で１つのプログラムをつくりましょう。

C　Dさんのプログラムは，全部ランキングに入っているからいいね。

C でも，Eさんのプログラムには，九九クイズとか町たんけんクイズとか，みんながんばったことも入っているよ。
C Fくんは時間も考えているよね。Dさんのでも時間を計算してみようよ。
C 時間が足りない。もう少し短い時間でできる遊びを探してみようよ。
■友達のつくったプログラムのよさを見つけている。また，自分や友達のつくったプログラムのよさを生かしながら，合意形成をしようとしている。

第3時
9　学級全体での発表（20分）
T 今日は，いよいよプログラムを決定します。まずは，それぞれの班が考えたプログラムとその理由や工夫したところを発表して下さい。
○各班がプログラムをつくった際の観点（ランキング上位，時間，場所など）を整理しながら板書する。

10　学級での合意形成（15分）

> 友達の考えのよいところを合わせて，"みんなが楽しめる"お楽しみ会のプログラムをつくろう！

C ランキングのことを考えている1班と，時間も考えている2班の考えを合わせたらよいと思う。
C 1班のプログラムで時間を計算すると時間が足りないから，ドッジボールを違う遊びに変えよう。

11　振り返り（10分）
T 班や学級で話し合いをして，自分の考えが変わったことや気づいたことはありましたか？
C 最初は，自分がやりたい遊びのことしか考えていなかったけど，最後は，みんなが好きな遊びも考えてプログラムを考えました。
C みんなで決めるときは，みんなの考えのよいところを合わせるともっとよい考えになることに気づきました。

（菅原恵美・鈴木春香）

対象学年　**3年～**　「わり算」「あまりのあるわり算」の学習後

みんなが納得するさつまいもの分け方を考えよう！

❶ 問題場面

> 　3・4年生でさつまいも掘りに行きます。
> 　グループごとに決められた場所を掘り，出てきたさつまいもをグループごとに分けて持ち帰ります。さつまいも掘りが楽しかったと思えるような，みんなが納得する分け方を考えましょう。
> 　なお，グループのメンバーは3年生5人，4年生4人とします。また，掘ったさつまいもは，25個（大8個，中11個，小6個）です。

　さつまいも掘りに行き，その場で掘ったさつまいもを分ける際の分け方を考えるという学習活動である。具体的には，掘ったさつまいもの個数を25個（大8個，中11個，小6個）とし，"さつまいも掘りが楽しかったと思えるような，みんなが納得する分け方"を考える。まずは個々に，分け方とその基となる考えや思い（大，中，小の重みづけやどういった点に配慮したかなど）を明確にしていく。その後，班ごとに，それぞれが考えた分け方について共有する。そして，それぞれの分け方について，"さつまいも掘りが楽しかったと思えるような，みんなが納得する分け方"になっているかという点から検討し，よりよい分け方について考え，合意形成を図っていく。

❷ 意思決定を促す手立て

　25個のものを9人で分けると，1人分は2個で，7個あまることになる。3年生ではじめて「わり算」「あまりのあるわり算」を学習するが，分ける際に使う「わり算」は，同じ大きさや形のものを等しく分けることが前提であり，あまりが出た際には，それは残しておくということが暗黙的にある。

　しかし，実際のさつまいも掘りの場面では，そうはならない。あまりをどのように分けるのか，大きさの異なるさつまいもに対して，どのような重みづけを行うのか（例えば，大＝中＋中と考えて分けていくことなどが考えられる）を考える必要が生じる。また，分ける側も，はじめてさつまいも掘りに参加する下級生の3年生と，さつまいも掘りはこれで最後となる上級生の4年生で，立場が異なる。このような価値観を顕在化することで，小集団で合意形成を図る場面を設定する。また，実際に経験した場面やこれから経験する場面として設定することで，問題を自分事としてとらえ，意思決定せざるを得ない場面をつくり出すようにする。

❸ 授業展開例

1　目標

・様々な要素を考慮しながら，"さつまいも掘りが楽しかったと思えるような，みんなが納得するよりよい分け方"を考えることができる［B3・相2］

2　指導計画（1時間扱い）

学習活動
第1時
・"さつまいも掘りが楽しかったと思えるような，みんなが納得する分け方"を考え，自分の行った分け方の説明ができる。
・"さつまいも掘りが楽しかったと思えるような，みんなが納得するよりよい分け方"を考え，班の中で合意形成を図ることができる。

3 主な発問と予想される児童の反応（○指導上の留意点・■評価）

1 課題把握（8分）

T もうすぐさつまいも掘りがありますね。昨年のさつまいも掘りはどうでしたか？
C さつまいもがたくさんとれてよかった。
C ４年生と協力してできた。
C 分けるのがうまくいかなかった。
C ４年生が３年生の分を少し多めにしてくれた。
C その逆で，３年生はあんまりもらえなかった。
T 分け方について，感じたことがあるようですね。納得できる分け方ではありませんでしたか？
T 納得できないというのはどうしてですか？
C 他の人より少なかったから。
T 今度は上級生，４年生という立場で行きます。みんなが中心となってグループのさつまいもを分けなければなりません。今日はそれに向けて，さつまいも掘りが楽しかったと思えるような，みんなが納得する分け方を考えていきたいと思います。

> さつまいも掘りが楽しかったと思えるような，みんなが納得する分け方を考えましょう。なお，グループのメンバーは３年生５人，４年生４人とします。また，掘ったさつまいもは，25個（大８個，中11個，小６個）です。

C 先生，さつまいもの数は掘ってみないとわからないと思います。
T 確かにそうですね。今日は，もし仮にこのように25個掘れたら，どのように分けるかということで進めたいと思います。例えば，25個のものを９人で分けたら，１人分は何個になりますか？
C 25÷9＝2あまり7で，１人分は２個になって７個あまる。
T この計算通りでいいですか？
C だめ。

C だって,さつまいもの大きさが違うから。それを考えて分けなきゃいけない。
C あと,あまりも分けたい。
T こんなふうに分けるとみんなが納得する分け方になるというように,分け方とその理由を考え,実際のさつまいも掘りのときに生かせるようにしましょう。

○実際の場面をイメージし,問題を自分事ととらえていけるようにする。
○さつまいも掘りの経験を振り返りながら,分け方について目を向けていく。
○分けるという場面でも,単純に既習のわり算を適用して考えればよいわけではないことを明確にする。

2 個人解決(自己内の意思決定と「説明モデル」の構築,10分)

・じゃんけんで取る順番を決めて,勝った人から順番に取っていく。

1番2番3番4番5番6番7番8番9番

・中+中=大と考えて分け,小は3年生と大をもらえなかった4年生に優先的に渡す。

3年3年3年3年3年4年4年4年4年

・中+中=大と考えて分け,大をもらえなかった3年生には小を2個,それ以外の3年生には小を1個ずつ分ける。

3年3年3年3年3年4年4年4年4年

・中+小=大と考えて分け,残った小は3年生に優先的に渡す。残った中は4年生でじゃんけんをして分ける。

3年3年3年3年3年4年4年4年4年

- 中＋中＞大と考え，大1個と中1個の計2個しかもらっていない4年生に優先的に小を分ける。

3年 3年 3年 3年 3年 4年 4年 4年 4年

〇実際に分けながら考えていけるように，さつまいものイラストを用意しておく（事前に児童に切らせておいてもよい）。

〇分けた結果だけでなく，どのように分けていったのかも書くようにさせる。

〇"みんなが納得する"という視点で分けていくことを意識させる。その際，状況に応じてじゃんけんで取る順番を決め，勝った人から取っていくという分け方を取り上げ，その方法が本当にみんなが納得できるようなものになっているかを考えさせる。そして，方法と結果に対して，みんながある程度納得できるものになるように分け方を考えさせていく。

〇4年生と3年生の立場の違いも考慮して分けるという考えを取り上げ，みんなに伝える（いなかった場合にも，このように考えた人がいるというように伝えていく）。

3 班での合意形成（15分）

T　それでは班になって，それぞれがどんな分け方をしたのかについて，まずは共有していきましょう。そして，それぞれの分け方を基に，さつまいも掘りが楽しかったと思えるような，みんなが納得するよりよい分け方を1つ決めていきましょう。

C　この分け方だと，明らかに多くもらえる子と，少ししかもらえない子が出てきてしまう。

C　大きいさつまいもが1人だけもらえないけど，それを私は，中くらいのさつまいも2つ分と考えて分けてみた。

C　私は大きいさつまいもを中くらいのさつまいも1個と小さいさつまいも1個と考えた。

C　小さいさつまいもはどのように分けた？

C　私は3年生優先で分けた。

C 4年生は最後だから，4年生が少し多めにもらってもいいんじゃないかな？
C どの分け方がいいのかな？
C 合わせるとみんなが同じくらいもらえているし，やっぱり小さいさつまいもは3年生優先に分けてあげたらいいと思う。
C じゃあ，この分け方にしよう。
○分けた結果だけでなく，どのような考えや思いをもって分けたのかも含めて共有するようにさせていく。
○大きいさつまいもを，他の大きさのさつまいもにどう置き換えて考えるのか，そして，3年生と4年生の立場をどのようにとらえていくのかなど，合意形成のポイントが何になるのかを対話を通して明確になるよう，必要に応じて声かけを行っていく。
■ "みんなが納得できる"という視点から，よりよい分け方を求めて考えることができる。

4 まとめ（12分）

T 班ごとに，どのような考えや思いで，どのような分け方をしたのかを話してもらいます。
C （班ごとに，どのような考えや思いで，どのような分け方をしたのかについて話す）
T 他の班の発表を聞いて，どのような分け方がよいと思ったか，それはどうしてかを書きましょう。
○自分の班が行った分け方とどのような点が同じで，どのような点が異なるのかを意識しながら聞くようにさせる。

(久下谷明)

| 対象学年　4年〜 | 遠足や社会科見学の前 |

3年生の担任に伝統工芸展への行き方をアドバイスしよう！

❶ 問題場面

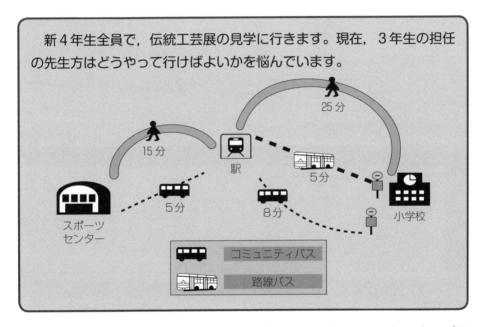

　小学校から伝統工芸展の会場であるスポーツセンターまでの行き方のプランを，下級生のために立てる問題場面である。プランを作成するには，人数，時間，時刻を考慮して，自身の価値観を基に，交通手段を選ぶ必要がある。
　また，「先生に伝える」という設定により，自分の作成したルートプランに合うキャッチフレーズ（セールスポイント）をつけ，説明する。その際には，ルートプランの内容とキャッチフレーズとの整合性を評価することになる。

❷ 意思決定を促す手立て

相互作用の機会として班での検討，学級での検討を設ける。そして，友達の考えを判断の根拠に注目しながら聞き，新しい視点に気づかせた上で再考させるようにする。

❸ 授業展開例

1 目標

- プランの背景にある考え（価値観）を理解し，ルートプランを作成することができる［B1・相2］
- 作成したルートプランと，そのセールスポイントとの整合性を説明したり，評価したりすることができる［B4・相2］

2 指導計画（2時間扱い）

	学習活動
第1時	・人数と時間を考慮して伝統工芸展へ行くルートプランを考える。さらに，バスの時刻を考慮してルートプランを練り直す。
第2時	・ルートプランとそのセールスポイントを説明し，評価し合う。

3 主な発問と予想される児童の反応（○指導上の留意点・■評価）

第1時

1 課題把握（10分）

T 新4年生全員で，伝統工芸展の見学に行きます。現在，3年生の担任の先生方にどうやって行けばよいかアドバイスをしましょう。

C いつ行くのですか？

C 新4年生は何人ですか？

C お金はいくら使えますか？

C　バスは何人まで乗れますか？
T　人数やバスの定員は次のようになっています。

```
日時：7月
場所：スポーツセンター
人数：新4年生　106人
```

```
バスの定員
路線バス：70人乗り（うち座席25名分）
コミュニティバス：30人乗り（うち座席15名分）
※学校割引で料金はどちらも同じ
```

C　早く着きそうだし，路線バスとコミュニティバスを乗り継いで使うのがよいと思う。
C　1台にたくさん乗れる路線バスと徒歩を組み合わせると，早く行けてよいと思う。
○問題を解く上で知りたいことを考えさせ，料金や人数などを伝え，共有する。

2　自力解決（15分）

T　自分のおすすめのルートプランを考え，おすすめの理由を式や図を使ってかきましょう。
C　<u>駅まで路線バス，その後コミュニティバス</u>
　　路線バスを使う回数
　　　　106÷70＝1あまり36　　2回
　　コミュニティバスを使う回数
　　　　106÷30＝3あまり16　　4回
　　時間
　　　　5(分)×2(回)＋5(分)×4(回)＝30(分)
　　　　30分で全員到着する。短時間で行ける。

■人数，時間を考慮して，自身の価値観を基に交通手段を選ぶことができる。

3　班での合意形成①（20分）

T　自分が考えたルートプランを伝え，よいところや悩んでいることを話し合いましょう。

C　バスの待ち時間が気になります。

C　バスが来る時刻が知りたいです。

T　バスの時刻表は次のようになっています。

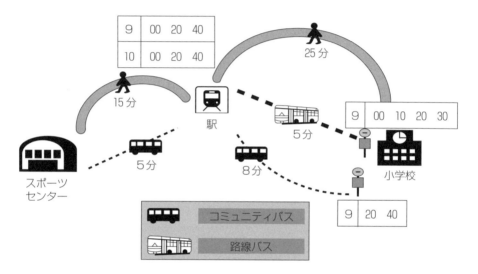

C　プランを直してみよう。

C　<u>駅まで路線バス，その後コミュニティバス</u>
　　9時発の路線バスと9時10分発の路線バスに乗る。その後，9時20分，9時40分，10時，10時20分発のコミュニティバスに乗る。10時25分には全員が到着する。

C　短時間で行けると思っていたのに，時刻表を見て詳しく考えたら，時間がかかってしまった。徒歩だと時刻表を考えなくてもいいし，お金もかからない。

C　でも，7月に歩くのは暑くて大変そう。

C　もっといろいろなプランを考えてみたい。
○友達と考えを交流させ，必要に応じて，よりよいプランへ修正するように促す。
■人数や時間に加え，時刻を考慮し，自身の価値観を基に交通手段を選ぶことができる。

第2時
4　班での合意形成②（15分）

T　班で伝統工芸展へのルートプランを完成させ，そのセールスポイントも考えましょう。

C1　駅まで路線バス，その後コミュニティバス
　　9時発の路線バスと9時10分発の路線バスに乗る。その後，9時20分，9時40分，10時，10時20分発のコミュニティバスに乗る。10時25分には全員が到着する。セールスポイントは「楽に行ける！」

C2　駅まで路線バス，その後徒歩
　　9時発の路線バスと9時10分発の路線バスに乗る。全員が駅に着いた後，9時15分から歩き始め，9時30分には全員が到着する。早く着くし，待つ時間も少ないから楽。セールスポイントは「全員が早く着く！」

C3　コミュニティバスと徒歩を組み合わせる
　　9時発の路線バスと9時10分発の路線バスに乗る。9時5分に駅に着いた70人は徒歩でスポーツセンターに9時20分着。9時15分に駅に着いた36人のうち，足の速い6人は歩いて，残りの30人は9時20分発のコミュニティバスに乗る。100人は9時25分に着く。セールスポイントは「早くて楽！」

○自分のプランのよさを一言で伝えるセールスポイントを考えさせる。

5　学級での合意形成（20分）

T　友達の考えを聞いて，どのプランを「おすすめの行き方」とするか考え

C　C１は時間がかかりすぎるし，お金もかかると思います。待っている人は暑そうです。
C　C１はバス停とバス停の間の移動の時間を考えていないので，現実的でないと思います。
C　貸し切りバスじゃないから，他にもお客さんがいるかもしれないので，70人ぴったりは乗れないと予想しておいた方がよいと思います。
C　C２は時間も短いし，お金もあまりかからなくてよいと思います。
C　C３は平等でないと思います。
C　グループをつくって，グループごとに行き方を選べばよいと思います。
C　行きに歩いた人は，帰りはバスに乗るなど工夫すれば平等になると思います。
C　どれにするかは，"移動時間の短さ"と"移動方法の楽さ"と"安さ"が重要になると思います。
C　"平等"であることも必要だと思います。
C　どれが"楽"で"平等"かというのは，人によっても違うと思います。
○自分たちが実際に伝統工芸展に行ったときのことを想起させる。

6　まとめ（10分）

T　今回の学習で学んだことを書きましょう。
C　路線バスとコミュニティバスの両方を使えば速く行けると思ったけど，時刻表を見てみたら時間がかかってしまった。いろいろなことを考えてみることが大切だとわかった。
C　計算だけすればよいのではなく，平等にするにはどうすればよいかを考えることも必要だと思った。
■自分の作成したルートプランとそのセールスポイントとの整合性を説明したり，評価したりすることができる。

（冨樫奈緒子）

対象学年 **5年〜** 「平均」の学習後

幅跳びの代表選手を決めよう！

❶ 問題場面

5年生は，来月，体力テストがあります。そのテストの結果を基に，陸上の選抜チームをつくります。代表の4種目のうち，3種目の代表は決まったのですが，あと1人，幅跳びの代表を選ぶ必要があります。

	1回目	2回目	3回目	4回目	5回目
たかし	355 cm	345 cm	385 cm	360 cm	370 cm
たける	×	372 cm	350 cm	390 cm	360 cm
たけし	400 cm	×	×	405 cm	×
たかひろ	×	385 cm	372 cm	×	378 cm

×印はファール（記録なし）

　4人の選手の中から，幅跳びの練習での記録や，ファールの回数などを基に，代表にふさわしい選手を選ぶ意思決定の場面である。

　平均を「指標」として利用し，それに基づいて合理的な意思決定を行うプロセスに焦点を当てる。その際，「ファール」の扱いについて検討することが必要になる。例えば，「最近6試合の得点」の平均を求めるときには，試合数の中に0点の試合があっても6試合の中に含むが，今回の問題で「ファールを記録0 cmと見るかどうか」では，計算で求めた数値が意味するものが変わってくる。ファールを含めずに計算した場合は「選手が次に跳ぶであろう記録の予想の値」になり，ファールを含めて計算した場合は「失敗も含

めた記録の期待値」になる。
　これは，一見平均を求めているように考えられるが，求めた値を「指標」として利用して，選手を選ぶ際の根拠として活用していることになる。このように，平均を「指標」として用いることを意図するので，平均を学習した５年以降を対象とする。

❷ 意思決定を促す手立て

　個人解決の後，同じ選手を選んだ児童同士のグループで検討する機会を設け，選んだ理由に関して相互作用を促す。
　そして，友達の考えを，判断の根拠に注目しながら聞き，新しい視点に気づかせた上で再考させ，学級全体での合意形成に至るようにする。

❸ 授業展開例

1 目標
・提示された情報を平均の考えなどを用いて分析し，どの選手を代表にするかを決めることができる［Ｂ３・相２］
・他者の判断の根拠を理解し，自らの考えを振り返ることができる［Ｂ４・相３］

2 指導計画（２時間扱い）

	学習活動
第１時	・記録を判断の根拠にし，代表選手を決定する。 ・平均の考えを用いて，提示された情報を解釈する。
第２時	・複数の情報や他者の判断の根拠を読み取り，自分の考えを振り返る。 ・友達の考えを聞き，再考した上で，再度代表選手を選ぶ。

3　主な発問と予想される児童の反応（○指導上の留意点・■評価）

第1時

1　課題把握（10分）

T　5年生は，来月，体力テストがあります。そのテストの結果を基に，陸上の選抜チームをつくります。代表の4種目のうち，3種目の代表は決まったのですが，あと1人，幅跳びの代表を選ぶ必要があります。

> どの選手を代表に選んだらよいかを考えよう。

T　どんな選手を選びたいですか？
C　記録がよい選手がいい。
C　優勝が狙える選手を選びたい。
T　どうすれば代表の選手を選べますか？
C　一番記録がよい選手がわかると選べる。
C　だれが一番記録がよかったかを知りたい。
C　体力テストの結果が知りたい。
T　では，選手の体力テストの記録を見て，選手を選びましょう。

資料1　体力テストの結果

	1回目	2回目	3回目	4回目	5回目
たかし	355 cm	345 cm	385 cm	360 cm	370 cm
たける	×	372 cm	350 cm	390 cm	360 cm
たけし	400 cm	×	×	405 cm	×
たかひろ	×	385 cm	372 cm	×	378 cm

×印はファール（記録なし）

○競技会のルールを確認する。
　・試技は3回。
　・優勝者は最高記録を出した選手となる。
　・3回とも失敗した場合は記録なしとなる。
○記録会データを判断の根拠とし，選手を選択するように促す。

2 個人解決（15分）

T　　代表選手を選び，選んだ理由をノートに書きましょう。

C1　平均を使って判断するが，ファールを記録としない

　　たかし　　（355＋345＋385＋360＋370）÷5＝363

　　たける　　（372＋350＋390＋360）÷4＝368

　　たけし　　（400＋405）÷2＝402.5

　　たかひろ　（385＋372＋378）÷3＝378.33…

　　平均の高いたけしを選ぶ。

C2　平均を使って判断するが，ファールも記録として加えている

　　たかし　　（355＋345＋385＋360＋370）÷5＝363

　　たける　　（0＋372＋350＋390＋360）÷5＝294.4

　　たけし　　（400＋0＋0＋405＋0）÷5＝161

　　たかひろ　（0＋385＋372＋0＋378）÷5＝227

　　平均の高いたかしを選ぶ。

C3　最大値を見て判断する

　　たかし　　385cm

　　たける　　390cm

　　たけし　　405cm

　　たかひろ　385cm

　　一番記録がよいたけしを選ぶ。

C4　ファールに注目して判断する

　　たかし　　ファール0回

　　たける　　ファール1回

　　たけし　　ファール3回

　　たかひろ　ファール2回

　　一番確実に記録が出せるたかしを選ぶ。

○児童が見通しをもちにくい場合には，その他の代表選手の決定の仕方を紹介する。

・リレー選手…記録の最高値　　・ボール投げ選手…平均値が高い
■情報を解釈し，選手を決定できる。
○求めた数値がどのような意味をもっているかを考えさせる。

3　グループ別の検討（20分）

T　今から同じ選手を選んだ人でグループになってもらいます。どのような理由でその選手を選んだかを話し合いましょう。

T　次の時間に，自分たちが選んだ選手の推薦理由を発表してもらいます。他の選手を選んだ人に納得してもらうには，どうしたらよいでしょうか？

○話し合いの視点として，競技会の代表を選ぶという目的を再度確認する。

第2時

4　学級での検討（合意形成，30分）

T　自分たちが選手を選んだ理由を発表しましょう。

≪検討の視点≫
平均を求めるときに，ファールをどのように扱うか。

C4　3回ファールをすると記録なしになってしまうので，ファールが0回のたかしを選んだ。

C3　一番記録がよい選手が優勝になるので，4人の中で一番記録がよいたけしを選んだ。

C2　選手の記録の平均を求めたが，5回計測をしているので，全員5でわって平均を求めた。そのときに数値が一番大きかったのがたかしなので，たかしを代表に選んだ。選手の記録の平均を求めた。

C1　跳んだ記録の平均を求めたときに数値が最も大きくなったのはたけしなので，たけしを代表に選んだ。

T　どちらも平均に着目したのですね。それぞれの結果が違ったのはなぜですか？

C ファールを記録に入れたか,入れていないかの違いです。
T ファールを回数に含む平均の値は,どのような意味をもっていますか?
C この数字が大きいと,失敗せずに記録が出せる可能性が高い。
T ファールを回数に含まない平均の値は,どのような意味をもっていますか?
C 跳んだときに出る記録の平均なので,その人がどのくらい跳べるのかがわかりそうです。

○ファールを回数に含む平均の値を求めたときのそれぞれの数値について確認し,平均の値としてふさわしいかを考えさせる。
○ファールを回数に含まない平均の値を確認し,数値の意味や妥当性を考えさせる。
■他者の判断の根拠を読み取ることができる。

5　振り返り(15分)

T もう一度,だれを選ぶか考えてみましょう。選んだ選手は変わりましたか? 変わった理由,変わらなかった理由を書きましょう。
C ファールを0にして平均を求めていたけど,それだとファールをしなかったときにどれくらい跳べそうかということとは離れてしまう。だから,ファールは除いて平均を求めて,ファールの回数が多いたけしは除いて比べた。
C ファールを0にして平均を求めると,ファールが多い人は自然に平均も小さくなる。だから,その平均の大きい人に変えた。
C ファールをしなくても,優勝できなければ意味がないので,優勝できる可能性がある,一番記録がよいたけしに変えた。

○どの考え方にもメリット,デメリットがあること,数値だけでは決定しにくいことがあること,どのような選手を選びたいかによって判断の仕方が変わってくることを確認する。

(室谷将勝)

対象学年　5年〜　運動会の前

クラスのみんなが納得する運動会の赤白分けを考えよう！

❶ 問題場面

> もうすぐ運動会です。先生は，この学級のみんなを赤組と白組に分けようとしています。クラスのみんなが納得するように2つに分けるには，どのようにしたらよいでしょうか。

1つの集団を均質の2つの集団に分ける問題場面である。運動会の赤白分けは，多くの小学校で一般的に行われ，学級を赤，白の2つの組に分ける場合が多い。走力という1つの項目の平均だけではなく，体格や男女比，リレーの選手の走力や応援団員の構成といった項目を比べても均質になるように調整する中で，平均の活用がなされていく。児童がどのような項目に重みづけをして分けるのかを決め，その分け方の妥当性を主張するために「説明モデル」を構築していくことをねらっている。

❷ 意思決定を促す手立て

1　現実場面や経験から自己内の意思決定を行う

問題場面に出会ったとき，児童はまず，走力が同じになるように分けることを考えるだろう。そのアイデアを引き出した上で，2つのチームの100m走の平均タイムが同じになるように実際に分けていく。

2　集団検討の中から多様性の萌芽を促す

100m走のタイムの平均で分けたことの妥当性を問うと，児童は必然的に

運動会の種目が何かを質問する。そこで，騎馬戦や選抜リレー，応援合戦などの種目を提示し，改めて平均タイムのみで分けた編成を見直す。走力だけに着目した分け方を改善する必要感をもたせると同時に，それぞれが自分の分け方をしてみたいという意欲を高める。

3 対立場面を引き出し，「説明モデル」をつくる必要感を高める

平均タイムを同じにした分け方を個人を移動して入れ替えることができるように提示し，児童の発言を基に実際に移動させていく。その過程で，ある個人を移動させることについて，他者との対立が生まれ，その相互作用によって，それぞれがどのように分けるべきか説明するモデルをつくる必要感につなげていく。

4 それぞれのモデルを比較・検討し，合意形成へ

重みづけをした項目を明らかにしてそれぞれの分け方を発表し合う。他者との意見交換をしながら自分が納得できる分け方を選んでいく過程で，どの項目で比較をしても概ね均等に分けられている方法を選ぶ合意形成につながるように，数値化して比較できるように促す。

❸ 授業展開例

1 目標

・複数の項目を考慮して，1つの集団を2つの集団に分けることができ，自分と他者の分け方を比較しながら，重みづけの仕方や結果の妥当性を評価することができる［B4・相3］

2 指導計画（2時間扱い）

	学習活動
第1時	・100m走のタイムを基に，均質に赤白に分ける。 ・分けた集団が均質であるかを話し合い，他の種目について考える。 ・班で分け方を再検討し，説明モデルをつくり上げる。
第2時	・班ごとに分けた方法と，重みづけをした内容や根拠を発表する。 ・それぞれの分け方を比較検討する。 ・学級としての合意形成を図る。

3 主な発問と予想される児童の反応（○指導上の留意点・■評価）

第1時
1 課題把握（10分）

T もうすぐ運動会ですね。運動会が近づくと，先生は毎年悩むことがあります。

○現実の場面やこれまでの経験を想起させ，課題を解決する必要感を高める。

C 赤白分けだね。

T そうです。どうして悩むか，先生の気持ちがわかりますか？

C 「ずるい」って言われないようにしないといけないから。

T 「ずるい」とはどういうことでしょうか？

C メンバーを適当に分けたら，どちらかが極端に強くなって，強い方に入った人は楽しいかもしれないけど，そうじゃない方に入った人は「ずるい」って感じると思います。

C 運動会全体がおもしろくなるようにするには，同じくらいの力にしないといけないね。

T よく考えていますね。今日はみんなが納得できる分け方をみんなで考えて，先生の悩みをすっきりさせてもらいたいと思います。

C おもしろそう。

T どうやって1つのクラスを赤白に分けたらよいと思いますか？

C この前，体育の時間に100m走のタイムを測ったから，赤白がどちらも同じくらいの速さになるように分ければよい。

T どうやって同じくらいにするのでしょうか？

C 100m走のタイムの平均を求めて同じくらいになればいいね。

T ここに，ある学級の資料があります。班ごとに話し合って，赤白がどちらも同じくらいになるように分けてみましょう。

○100m走のタイムを基に分けるアイデアが出たら，資料を提示し，実際に分ける活動に入る。

○必要感を高めるために，実際の学級におけるデータを用いることが考えら

れる。その際は，教師が人権に十分に配慮するとともに，児童にもそのことを伝える。

○最初は体格の部分を隠しておき，100m走のタイムだけを提示する。

○タイムの合計，または平均タイムを素早く計算することができるように電卓を用意しておく。

C　男子と女子はそれぞれ同じ人数にした方がよいですか？

C　徒競走もリレーも男女別で走るから，同じ人数ずつに分けた方がよいと思います。

T　実際の運動会の場面についてよく考えていますね。では，男子と女子が同じ人数になるように分けましょう。

番号	性別	100m走タイム	体格
1	男	21.1	大
2	女	20.9	大
3	女	19.1	中
4	女	18.4	小
5	男	17.6	中
6	女	19.3	中
7	女	23.4	大
8	男	16.8	中
9	女	18.9	中
10	男	20.9	小
11	男	18.1	中
12	女	17.6	中
13	女	18.2	小
14	男	18.1	中
15	男	17.1	中
16	女	21.2	小
17	女	18.7	中
18	女	19.9	中
19	男	16.9	大
20	男	18.5	小
21	男	20.2	中
22	女	19.2	中
23	男	17.1	小
24	男	17.9	小
25	男	20.3	小
26	男	19.1	大
27	男	16.6	大
28	男	18.5	中

> 赤組，白組が，どちらも同じ力になるようにクラスを2つに分けよう。

2　班での解決（自己内の意思決定と「説明モデル」の構築，20分）

C　じゃあ，男子を分けるから，女子をお願いするね。

C　まず，適当に分けてから，平均タイムを求めて入れ替えよう。

C　まず，リレーの選手になりそうな速い人を先に分けてから，他の人を考えよう。

C　同じくらいのタイムの人を2人ずつペアにしてそれぞれを赤白に分ければよい。

○まずは走力という，1つの項目だけで均質に分ける活動を行い，他の種目について考慮すべきというつぶやきを引き出していく。

○分け方を小黒板に記述させる際に，赤白それぞれの平均タイムを書かせる。

3 学級での検討（合意形成，10分）

T できあがった分け方を比べていきましょう。どの分け方が最適かを判断するには，どうしたらよいと思いますか？

C 赤白，それぞれの平均タイムを求め，その差が一番小さい分け方が最適だと思います。

C この中では○班の分け方が，一番差が少なくていいね。

■現時点では，タイムの差が小さい分け方が妥当であることを判断することができる。

○各グループの分け方を示した小黒板を黒板に貼って比較検討する。

4 まとめ（多様性の萌芽，5分）

T みんなで話し合って赤白を分けることができましたね。

C でも，運動会って徒競走だけじゃないから，これでいいのかな？

C そう言えば騎馬戦もあるから，足の速さが同じだけじゃ同じ力とは言えないね。

C ただタイムが同じになるようになればいいだけなら，先生もそんなに悩まないもんね。

T 先生の気持ちをわかってくれて嬉しいです。では，次の時間はもう少し悩みを聞いてもらいます。

○必要な資料を問い，次時の学習に向けた意欲を高める。

■結果から新たな課題を考えることができる。

第2時

5 課題把握（10分）

T 現時点では，赤白をどのように分けていますか？

C 100ｍ走の平均タイムが同じになるように分けています。

T この分け方ではいけないのは，どうしてですか？

C 運動会は徒競走だけではないから，他の種目のことも考えないといけないから。

T では，どんな種目があるのかを見てみましょう。

○**100m走**

全員が走ります。この学校では，1位から6位まで，以下のように全員が得点になります。

順位	1位	2位	3位	4位	5位	6位
得点	6点	5点	4点	3点	2点	1点

○**選抜リレー**

各クラスから足の速い子を代表選手として出します（人数は表の通り）。

チーム	赤		白	
	A	B	A	B
男子	1名	1名	1名	1名
	補欠1名		補欠1名	
女子	1名	1名	1名	1名
	補欠1名		補欠1名	

男子の部，女子の部それぞれに以下の得点が入ります。

順位	1位	2位	3位	4位
得点	20点	15点	10点	5点

○**騎馬戦**

6年生と合同で行います。騎馬は4人1組で，馬になる子と上に乗る子をバランスよく分けなくてはいけません。男女は別々の対戦なので，混ぜられません。得点は勝つと30点が入り，負けても10点が入ります。

※**その他** 応援団員としてクラスから赤4名，白4名（男女各2名ずつ）を選出します。リレーの選手は応援団になれません。先生は，いつも元気な19番や28番の子，そして，あまり運動が得意ではない1番と7番の子に活躍のチャンスを与えてあげたいと考えています。そして，この4人はみんな応援団をやってみたいと思っています。

T　タイムで分けた赤白を基にして，もう一度グループで話し合いましょう。

> 資料を読み取って，もう一度よりよい分け方を考えよう。

〇資料の必要性を高めるために，前時の学習を想起させる。
〇種目名だけでなく，各種目の順位による得点を示すことで，重みづけへの着想を引き出す。
〇問題場面に対して実感をもつことができるように，できるだけ，自校で行われている種目や得点とする。
〇応援団の存在を提示することで，得点だけではなく，様々な要素を考慮しなければいけないことを意識させる。

6　班での検討（班における合意形成，15分）

A班　まず，リレーの選手や応援団について考える
C　リレーの選手になるのは，男女それぞれ2人ずつだから，まず，その人を確定させよう。
C　補欠も1人ずつ考えておかないとね。
C　選手だけでバランスがよくなるように分けたら，次は応援団を分けよう。
C　平均のタイムが変わっちゃうから，もう一度計算をして，入れ替えなくちゃいけないね。

B班　騎馬戦のために，体格をバランスよく考える
C　赤の方が大きい人が多いから，赤の大きい人と，白の小さめの人を入れ替えよう。
C　タイムが近い人と入れ替えないといけないね。

C班　赤白それぞれに有利な種目を設定する
C　すべてがバランスよくはできないね。
C　どうしても白のタイムがちょっと速くなるから，騎馬戦では赤が有利になるようにしよう。
C　どうしても男子は赤が有利になってしまうから，女子は白が強くなるようにしよう。

○何を優先して分けているのかを明確にしているグループを称賛し，重みづけが意思決定の大切な根拠となることを意識させる。
○思考の立ち位置を明確にできるように発問をする。
　「今，どう考えているのかな？」
　「どうしたらうまくいくのかな？」
■複数の資料を読み取り，どのように分けたらよいのかを説明することができる。

7　発表〜比較検討（学級での合意形成，15分）
C　A班は，すごくよくできているけれど，体格の差がまだあるね。
C　B班は，騎馬戦は平等だけど，リレーの選手が偏っているね。
C　C班は，それぞれに有利な種目があっていいかもしれない。
C　でも，C班の分け方だと，白の女子は騎馬戦がおもしろくないんじゃないかな？
C　やっぱり，A班のやり方をもう少し調整するのがよいと思う。
○それぞれの分け方のよさと問題点を考えることで，より納得できる分け方に近づけていく。
○折衷案を考えることで，結論として学級全員が納得する分け方をまとめるようにする。

8　まとめ（学級全体での合意形成，5分）
T　多くの人が納得できる分け方は，どのようなものでしょう？
C　いろいろな種目や，一人ひとりの特徴を考えて，みんながどの種目でも平等に楽しめるような分け方がよいと思いました。
■自他の分け方を解釈し，より均質と言える分け方を合意形成することができる。

（青山尚司）

| 対象学年 5年〜 | じゃがいもの種芋を購入するころ |

学童農園の畑にどのじゃがいもを植えたらよいかな？

❶ 問題場面

> 学童農園の畑に，インカのめざめ，キタアカリ，男爵，とうや，メークインの，どのじゃがいもを植えたらよいかな？

　じゃがいもには様々な品種があり，味も多様である。実際に植える品種を児童に決定させる場面を設定し，班や学級での議論を通して，集団としての合意形成を図っていく。その際，実食に基づく児童の味の好みの傾向や，栽培に関する複数の資料（育てやすさや見込まれる収穫量など）から得た情報などを数値化したり，比例関係を用いて計算や比較をしたりして，他者が納得するような「説明モデル」をつくり，合意形成がなされていくことをねらっている。理科や家庭科の学習とも関連があり，その栽培活動自体も一般的になされているため，高学年を対象にするとよい。

❷ 意思決定を促す手立て

1　実食から得られる自己内の意思決定

　まず，じゃがいもの実食を行い，自分自身の味の好みをはっきりとさせる。その際に，味だけで判断することができるように，品種を隠して提示する。

2　集団の傾向との対峙から生まれる多様性の萌芽

　学級全体の好みの傾向を二次元表に表すことで，自己の好みだけでなく，集団として意思決定の必要感を引き出す。特に，自分の意思が集団（他者）

の傾向と合致していない場合に，どのように考えるのかを大切にする。

3 現実と向き合うことで，「説明モデル」をつくる必要感を高める

必要な情報を「植えて育て，収穫する」という実際の活動に立ち戻って考えるなど，方法に関する意思決定がなされ，個の意見を班のメンバー（他者）に，また，班の意見を学級全体に説明するための「モデル」の形成を促す。

4 妥協案，折衷案を引き出し，合意形成へ

他者との相互作用によって，少ない量でも味にこだわったり，好みに反しても安さを優先したりといった妥協案や，組み合わせて植えるという折衷案が生み出されていくように，「みんなの考えや気持ちを考えてうまく植える方法はないかな？」と問い，合意形成につなげていく。

❸ 授業展開例

1 目標

・植えるじゃがいもを決定する際に，多様な項目を総合的に考慮し，数値化するだけでなく，特定の項目についての重みづけや，組み合わせて栽培をすることを提案し，妥当性を評価することができる［Ｂ４・相３］

2 指導計画（２時間扱い）

	学習活動
第1時	・じゃがいもを実食し，個々の味の好みを二次元表にまとめる。 ・二次元表から集団としての味の好みの傾向を考える。 ・植える種芋を決めるためにはどのような資料が必要かを考える。
第2時	・必要な資料を用いてどの種芋を植えたらよいのかを班で話し合う。 ・他の班の意見を聞き，クラス全員の意見が反映されるように折衷案を考えるなど，学級としての合意形成を図る。

3 主な発問と予想される児童の反応（○指導上の留意点・■評価）

第1時

1 課題把握（10分）

Ｔ　５年生は毎年，３月にじゃがいもを植えます。６年生で，理科の実験で使いますが，家庭科の調理実習で使うこともあります。

T ここにあるA〜Eの5つはどれもじゃがいもですが，品種が異なります。今からみんなで食べてみて，どんな味なのかを比べてみましょう。

> みんなの味の好みをまとめて，どのじゃがいもを植えたらよいかを考えよう。

○実食するのは次の5種類（A〜Eの順番は50音順）。実食が終わるまでは品種名をふせておく。
　　A　インカのめざめ　　B　キタアカリ　　C　男爵
　　D　とうや　　E　メークイン

2　班での検討（実食を通した自己内の意思決定，20分）

T 食べたらワークシートにどんな味だったのかを記録して黒板の表にシールを貼りましょう。
C 味が全然違うね。
C Aが甘くておいしい。
C Cは崩れやすくて，Eはしっかりしている。
○貼るシールを区別するように指示をしておく。
　　1番おいしい…赤　　2番目においしい…青

味くらべ

	A	B	C	D	E
食感					
1位（赤）					
2位（青）					

3　学級での検討（多様性の萌芽，10分）

T まとめた表から，どんなことがわかりますか？
C Aが甘くておいしいと感じている人が多い。
C CやEも人気が高いよ。
T Aはインカのめざめと言います。
T Bはキタアカリ，Cは男爵，Dはとうや，Eはメークインです。
T みんながおいしいと感じたのは，どんないもかな？
■二次元表から，他者の味の好みの傾向を読み取り，自分の好みと比較することができる。
○品種名と特徴が記されたカードを黒板に貼っていく。

4　まとめ（実食終了時点での合意形成，5分）

T 食べてみて，どれを植えたらよいと思いましたか？

- C おいしかったから，インカのめざめを植えたい。
- C 確かに，みんなに人気があったし，それがいい。
- C でも，おいしいから，めちゃめちゃ高かったりして。
- C それに，育てるのが大変かも。
- T なるほど。では次の時間は，もう少し資料を集めてどれを植えたらよいか話し合おうと思います。

○必要な資料を問い，次時の学習に向けた意欲を高める。

■二次元表を読み取り，そこから新たな課題を考えることができる。

第2時

5 課題把握（10分）

- T どんなことが知りたいですか？
- C 値段と予算を教えて下さい。
- T 種芋の価格表があります。予算は1万円以内です。
- C どれくらい植えたらよいのかを教えて下さい。
- T 大体畑の面積1m²あたり1kgを植えます。収穫量や育てやすさもわかっています。
- C 畑はどれくらいの広さですか？
- T この学童農園の畑です（右の図）。
- C 直角三角形だから8×10÷2=40m²で，40kgを買えばいいんだね。

品種＼重量	男爵	メークイン	キタアカリ	インカのめざめ	とうや
500 g	/	/	/	399円	/
1 kg	238円	268円	278円	498円	315円
3 kg	/	768円	810円	/	930円
5 kg	1150円	1280円	1350円	/	1480円
10 kg	2180円	2380円	2580円	/	2950円

品種	男爵	メークイン	キタアカリ	インカのめざめ	とうや
収穫量	たねいもの8倍	たねいもの7倍	たねいもの7倍	たねいもの4倍	たねいもの10倍
育てやすさ	ふつう	ふつう	ふつう	やや難しい	ふつう
いもができるまで	やや早い	ふつう	早い	かなり早い	早い
いもができてから	長もち	ふつう	あまりもたない	あまりもたない	長もち

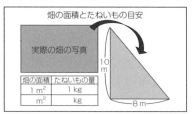

畑の面積とたねいもの目安

畑の面積	たねいもの量
1 m²	1 kg
m²	kg

> 資料を読み取って，どのじゃがいもを植えたらよいのかを考えよう。

○資料の必要性を高めるために，前時の学習を想起させる。

○「味の好み」（前時），「種芋の価格」「収穫量・育てやすさ・収穫までの早さ・保存性」（右上）の表を提示する。

○予算1万円以内，植えつけ量40kgは話し合いに入る前に確認をし，板書しておく。

6　班での解決（班における合意形成，15分）

A班　「価格」，「予算」，「量」に重みづけ
C　一番安い男爵がいいんじゃないかな？
C　1万円以内で40kg買えるものを見つけよう。
C　10kgで買うと得だから，4倍して40kgにしよう。

B班　「味」，「価格」，「量」に重みづけ
C　メークインがおいしかったよね。
C　10kgの値段を4倍にしてみよう。

C班　「収穫量」に重みづけ
C　育てやすくて種芋の10倍もとれるとうやがよい。
C　でも，とうやは2950円だから，40kg買うと予算を超えちゃうね。
C　たくさんとれるから，植える量は少なくてもいいんじゃないかな？

D班　「人気」に重みづけをして組み合わせる提案
C　予算内に収まるのは男爵やメークインだけど，人によって好みが違うから難しいね。
C　インカのめざめを何とかして植えたいな。
C　何種類か組み合わせて植えたらどうかな？
C　インカのめざめは高いし，育てるのが難しそうだから少しにして，残った金額で他に人気があるものを買えばいいね。
C　うまく予算内に収まりそうだし，みんなの意見を生かすことができそうだね。

○複数の資料から多面的に考えるように促す。
○思考の立ち位置を明確にできるように発問をする。
　「今，どう考えているのかな？」「どうしたらうまくいくのかな？」
○比例関係を仮定して考察しているグループの話し合いを評価し，よさを実感させる。

■複数の資料を読み取り，どのじゃがいもを植えたらよいのかを説明することができる。
○品種だけでなく，選ぶ際に重視したことやその理由を述べるように伝える。

7　発表～比較検討（15分）

A班　種芋の単価が安くておいしい男爵にする。10 kg の値段が2180円だから，それを4倍して2180×4＝8720（円）で，予算内で買えます。

B班　メークインは人気があったし，予算内で買えます。2380×4＝9520（円）です。

C班　ちょっと高いけれど，とうやは33 kg まで買えます。2950×3＋930＝9780（円）です。

C　33 kg じゃ 7 kg もったいないよ。

C班　でも，とうやは10倍もとれるから，33 kg 植えたら330 kg になります。男爵は40 kg 植えても8倍の320 kg だし，とうやの方がよいと思います。

D班　インカのめざめがおいしかったから植えてみたいと思いました。でも，ちょっとリスクが高いので，1 kg だけにして，他のと組み合わせたいと思いました。男爵20 kg とメークイン20 kg とインカのめざめ1 kg で計算すると，2180×2＋2380×2＋498＝4360＋4760＋498＝9618（円）で予算内だし，多くの人の希望が叶います。

○価格と量，植えつけ量と収穫量の比例関係を仮定して求めた値を根拠としている発言を評価し，よさを広めていく。

8　まとめ（学級での合意形成，5分）

T　みんなの意見を生かすとどのじゃがいもを植えるとよいと思いますか？

C　理科の実験用は男爵で，家庭科の調理実習用はとうややメークインのように組み合わせばよい。

C　おいしかったインカのめざめも植えてみたいし，みんなの意見が少しでも生きた方がみんなが嬉しいと思うので，D班の買い方がよい。

■多くの班の意見を生かした折衷案やその妥当性を考えることができる。

（青山尚司）

対象学年 **5年〜**　家庭科「栄養を考えた食事」の学習後

栄養士さんに提案する
リクエスト給食の献立を考えよう！

❶ 問題場面

> リクエスト給食の献立について行ったアンケートの結果が出ましたが，栄養士さんから NG が出されました。
> どんな献立をお願いするかを決めよう。
>
> ◆リクエスト給食の献立アンケート結果
> 　　　　　　　　　　　　　　　（5，6年）
> 　主食：みそラーメン
> 　主菜：ハンバーグ
> 　副菜：フライドパンプキンサラダ
> 　デザート：パインとさつまいものパイ
> 　⇒各1位合計811 kcal（牛乳含949 kcal）
>
> 栄養士 NG
> ①揚げ物・焼き物が2つある
> 　（調理の都合で1つ）
> ②カロリー超過
> 　（1食の総カロリーは
> 　680〜800 kcal）
> ③和・洋・中のバランス

　栄養士の NG をクリアする献立を，献立アンケートの結果の順位（資料1〜3）や栄養バランス，全体のカロリーのトレードオフをしながら考えていく。その際，アンケートの順位間の票数の差をどう解釈するかが1つの鍵となる。また，グループや学級で自分の考えを主張したり，他者の考えを聞いたりする過程で，他者に納得してもらうためには，明確な根拠が必要であること，その根拠として「数値」が有効であることに気づいていく。

　なお，栄養バランスやカロリーにかかわる場面なので，家庭科5年の「栄養を考えた食事」の学習と関連づけた扱いが考えられる。

❷ 意思決定を促す手立て

　個人の考えをグループ内で伝える段階と，グループの考えを全体に伝える段階を設ける。前者では，他者の考えを知ることで，新たな視点に気づかせるとともに，なぜそう考えたのかという判断の根拠に目を向けさせる。後者では，判断の根拠として，カロリーや順位といった数値を示したグループに焦点を当て，その前提や仮定を明確にして話し合うようにする。

❸ 授業展開例

1　目標

- リクエスト給食のアンケート結果（順位や人数）や与えられた資料を基に，合計値や割合を根拠として用いて，献立を考えることができる［B３・相３］
- 自分の献立のよさや理由を他者の理解状況に応じて，資料や具体的根拠を基に説明することができる［B５・相３］

2　指導計画（2時間扱い）

	学習活動
第1時	・アンケート結果（順位や人数）や与えられた資料を基に，変更する品目を考える。 ・自分の考えた献立とその理由をグループ内で説明し合い，グループの案を決める。
第2時	・自分のグループの献立を，根拠を明確にして説明する。 ・他のグループの考えを基に，自分たちの考えについて再検討する。

3　主な発問と予想される児童の反応（○指導上の留意点・■評価）

第1時

1　課題把握（10分）

T　この間実施した「リクエスト給食」のアンケートの結果がわかりました。
○資料1を提示する。

資料1　5・6年生全員を対象としたアンケートの結果

○主食（パン・めん・ごはんなど）　上位3つ
　1位　みそラーメン（56人）　365 kcal
　2位　ハニートースト（52人）　258 kcal
　3位　ポークカレーライス（35人）　458 kcal　※ごはん　274 kcal
○主菜（肉・魚・卵・豆などでつくったメインのおかず）　上位3つ
　1位　ハンバーグ（93人）　197 kcal
　2位　マーボー豆腐（33人）　160 kcal
　3位　イカのチリソース（27人）　159 kcal
○副菜（野菜・海藻などでつくったおかず）・汁物　上位3つ
　1位　フライドパンプキンサラダ（102人）　98 kcal
　2位　ゆで野菜のおひたし（27人）　17 kcal
　3位　ミニトマト（16人）　7 kcal
○デザート（果物・ゼリー・大学いもなど）　上位3つ
　1位　パインとさつまいものパイ（52人）　151 kcal
　2位　オレンジゼリー（48人）　37 kcal
　3位　フルーツポンチ（38人）　96 kcal　※いちご（旬の食材）　15 kcal

T　でも，栄養士さんからNGが出ました。どうしてだと思いますか？栄養士さんが，どんなことに気をつけて献立を立てているのか，聞いてみましょう。どれかを変更し，栄養士さんに提案したいと思います。
○栄養士からNG理由を伝えてもらう。

NGの理由と献立を立てる際の注意点

条件として，以下の3つを確認する
□揚げ物・焼き物は1つであること
□総カロリー680〜800 kcal（牛乳を含む）くらいを目指すこと
□主食・主菜・副菜・デザート＋牛乳（138）kcalであること

> 栄養士さんに提案するリクエスト給食の献立を考えよう。

C　みそラーメンは残したい。
T　人気が高かった献立なので,一部を変更し,栄養士さんに提案することにしましょう。

※地産地消・価格などの要素も考えられるが,今回は加味しないことを確認する。

2　個人解決（15分）

C　<u>みそラーメンは私が好きなので残す</u>。みそラーメンにはある程度,肉や野菜が入っているから,主菜は「なし」にする。
　　みそラーメン,イタリアンサラダ,フルーツポンチ
　　⇒計511 kcal（牛乳含649 kcal）

C　主食のみそラーメンとハニートーストは<u>大差がないので替える</u>。主菜のハンバーグは<u>断トツなので残し</u>栄養バランス（資料4）も考慮に入れる。
　　ハニートースト【黄】,ハンバーグ【赤・黄】,ゆで野菜のおひたし【緑】,オレンジゼリー【黄・緑】
　　⇒計509 kcal（牛乳含647 kcal）

C　主菜・副菜は<u>断トツ1位なので残し</u>,食べ合わせを考え,主食をごはんにする。
　　ごはん,ハンバーグ,フライドパンプキンサラダ,オレンジゼリー
　　⇒計606 kcal（牛乳含744 kcal）

C　卒業が近いので,<u>6年生の希望を優先し</u>,アンケート結果で大差のないものはカロリーの低いものを選ぶ。
　　ハニートースト,ハンバーグ,フライドパンプキンサラダ,オレンジゼリー
　　⇒計590 kcal（牛乳含728 kcal）

○資料2・3は必要に応じて児童が取りに来るようにする。
○資料5：食品カード（表：食品イラスト　裏：カロリーと栄養素のグルー

プ分け）を基に献立を考える。
○栄養バランスとは「赤・黄・緑の食品が入ったバランスのよい献立にすること」を確認する。
○補助発問「何から決めていきますか？」「決められそうなところから考えていきましょう」をする。
■希望調査結果（順位や人数）や与えられた資料から選んだり優先したりした理由を明確に説明する。

資料2　6年生全員の希望調査結果（対象：101名）

○**主食（パン・めん・ごはんなど）　上位3つ**
  第1位　みそラーメン（29人）
  第2位　ハニートースト（27人）
  第3位　ポークカレーライス（16人）
○**主菜（肉・魚・卵・豆などでつくったメインのおかず）　上位3つ**
  第1位　ハンバーグ（48人）
  第2位　マーボー豆腐（20人）
  第3位　さけの南部焼き（14人）　82kcal
○**副菜（野菜・海藻などでつくったおかず）・汁物　上位3つ**
  第1位　フライドパンプキンサラダ（48人）
  第2位　ゆで野菜のおひたし（16人）
  第3位　イタリアンサラダ（12人）　50kcal
○**デザート（果物・ゼリー・大学いもなど）　上位3つ**
  第1位　パインとさつまいものパイ（24人）
  第2位　フルーツポンチ（23人）
  第3位　オレンジゼリー（21人）

資料3　クラスの希望調査結果（対象：5年2組　32名）

○ 主食（パン・めん・ごはんなど）　上位3つ
  第1位　ハニートースト（22人）
  第2位　みそラーメン（7人）
  第3位　ジャージャーめん（2人）
○ 主菜（肉・魚・卵・豆などでつくったメインのおかず）　上位3つ
  第1位　ハンバーグ（24人）
  第2位　さけの南部焼き（3人）イカのチリソース（3人）
  第3位　マーボー豆腐（2人）
○ 副菜（野菜・海藻などでつくったおかず）・汁物　上位3つ
  第1位　フライドパンプキンサラダ（28人）
  第2位　イタリアンサラダ（3人）
  第3位　ゆで野菜のおひたし（1人）
○ デザート（果物・ゼリー・大学いもなど）　上位3つ
  第1位　パインとさつまいものパイ（16人）
  第2位　オレンジゼリー（6人）フルーツポンチ（6人）
  第3位　みかん（4人）

資料4　栄養バランス

赤の栄養…血や肉・骨など，体をつくる【たんぱく質・無機質】
　「おもに体をつくるもとになる食品」
　　肉類，魚介類，卵類，豆類，貝類
黄の栄養…熱や力になる【脂質・炭水化物】
　「おもにエネルギーのもとになる食品」
　　ごはん，いも類，油脂類（バターなど），パン，砂糖類，めん類，菓子類，牛乳
緑の栄養…体の調子を整える【ビタミン】
　「おもに体の調子を整えるもとになる食品」
　　野菜類，きのこ，果物類

資料5　食品カード　17種類（表：食品イラスト　裏：カロリーと栄養素のグループ分け）

例　みそラーメン（表）

例　みそラーメン（裏）

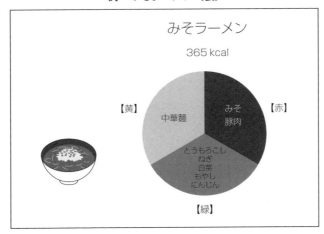

3　グループでの合意形成①（20分）

T　グループで意見を出し合い，グループで提案するリクエスト献立を考えましょう。自分が考えた献立を伝える際には，理由や何を優先したかも説明しましょう。

第2時

4 グループでの合意形成②（15分）

T 後で，グループごとに考えた献立を発表してもらいます。

　①何から決めていったか

　②何を優先して決めたか

を伝えられるように，もう一度確認しましょう。

5 学級での合意形成（20分）

T それでは，発表してもらいます（3グループ程度）。

　例）

　「主菜と副菜は1位と2位の差が60，75あるので，変更しません。デザートはカロリーの低いオレンジゼリーにしました。これと牛乳を合わせて470 kcalだったので，主食はハニートーストにしました」

○根拠の異なるグループを意図的に指名し，発表させる。

T 他のグループの意見を聞いて，再度グループで考えてみましょう。変更しても，しなくてもかまいません。

■つくった献立と理由を，聞き手のことを考えて説明する。

■聞き手の理解状況を把握しながら，合意形成を図ろうとする。

6 振り返り（10分）

T 他のグループの意見を聞いて自分の考えが深まったり，変わったりしたことはありますか？　それはなぜですか？　ワークシートに書きましょう。

C リクエスト献立だから，順位だけではなく，票数の違いを気にした方がよいという考えに納得した。

（宮﨑史和・鈴木侑）

対象学年 **5年〜** 「割合」の学習後

どのイルカウォッチングツアーに行くかを決めよう！

❶ 問題場面

次の4つのイルカウォッチングツアーのうち、どのツアーに行くかを決めよう。

ツアー名	遭遇回数(回)	出港回数(回)	満足(人)	アンケートに答えた人(人)
マリンワールド	18	20	41	50
ゴーゴーウォッチング	18	30	15	25
イルカクラブ	60	75	72	80
ドルフィンツアー	126	140	144	180

イルカとの遭遇回数と満足度調査の結果という，複数の情報を加味し，自分が行きたいイルカウォッチングツアーを決定する。

割合を「指標」として利用し，それに基づいて合理的な意思決定を行うプロセスに焦点を当てる。その際，イルカに出会えるかどうかは不確定な事象であるため，例えば，「10回中4回出会えた」ツアーと「100回中40回出会えた」ツアーでは，出港回数に対する遭遇回数の割合としては等しいが，その値の「信頼度」

は異なるという考えが出されることが期待できる。このことは，統計的確率に関する見方・考え方の素地になると考える。

さらに，アンケートについては，総回答人数と満足と回答した人数のみを示し，意図的に曖昧にしている。アンケート結果の背景にある，アンケートの回収率や「満足」に影響する他の要因（「船の豪華さ」「接客」など）にも目を向けさせることを意図している。

❷ 意思決定を促す手立て

相互作用の機会として，個人解決の後，学級での集団検討を設ける。そして，友達の考えを，判断の根拠に注目しながら聞き，新しい視点に気づかせた上で再考させ，合意形成に至るようにする。

❸ 授業展開例

1 目標

- 提示された情報を，割合の考えなどを用いて分析し，どのイルカウォッチングツアーにするかを決めることができる［B２，B３・相２］
- 他者の判断の根拠を理解し，自らの考えを振り返ることができる［B４・相３］

2 指導計画（２時間扱い）

	学習活動
第１時	・情報を判断の根拠にし，自分が行きたいイルカウォッチングツアーを決定する。 ・割合の考えを用いて，提示された情報を解釈する。
第２時	・複数の情報や他者の判断の根拠を読み取り，自分の考えを振り返る。 ・友達の考えを聞き，再考した上で，学級全体での合意形成を図る。 ・新しい視点（出港回数への着目）や他者の価値観（２％の違いのとらえ方など）に気づき，合意形成を図れるような折衷案を考える。

3 主な発問と予想される児童の反応（○指導上の留意点・■評価）

第1時

1 課題把握（15分）

T　イルカウォッチングツアーに行きたいと思います。イルカウォッチングツアーでは，船の上から野生のイルカを見ることができます。ただし，野生のイルカなので，必ず見られるとは限りません。自分ならどのイルカウォッチングツアーに行くかを考えましょう。

> 自分ならどのイルカウォッチングツアーに行くかを考えよう。

○イルカウォッチングツアーの動画を見せて，イルカウォッチングツアーのイメージをもたせる。

T　どんなツアーなら行きたいですか？
C　必ずイルカを見られるツアーがいいです。
T　ツアーを選ぶために，他にどんな情報が知りたいですか？

○ツアーを選ぶために知りたい情報を児童に挙げさせる。

C　場所はどこですか？
C　料金が知りたいです。
C　どれくらい時間がかかるのかを知りたいです。
C　イルカに会える確率。
C　船の豪華さはどうか。
C　船に乗っている時間。
T　では，いくつかのデータを見て，どのツアーに行くかを考えましょう。
T　【情報1】は，1か月でそれぞれのツアーが船を出港させた回数と実際にイルカを見ることができた遭遇回数の表です。【情報2】は，ツアーに参加してアンケートに答えた人数と満足と答えた人数の表です。今回は，この2つの情報を基に，どのツアーに行くかを考えましょう。

○【情報1】【情報2】のデータを判断の根拠とし，行きたいツアーを選択するように促す。

【情報1について】

　出港回数に対する遭遇できた回数の割合（遭遇率）は次の通りで，AとDは同じ遭遇率である。

A　18÷20＝0.9
　　90％

B　18÷30＝0.6
　　60％

C　60÷75＝0.8
　　80％

D　126÷140＝0.9
　　90％

	【情報1】1か月のツアーの船の遭遇回数と出港回数		
	ツアー名	遭遇回数（回）	出港回数（回）
A	マリンワールド	18	20
B	ゴーゴーウォッチング	18	30
C	イルカクラブ	60	75
D	ドルフィンツアー	126	140

	【情報2】ツアー参加者のアンケートに回答した人数と満足と回答した人数		
	ツアー名	満足（人）	アンケートに答えた人（人）
A	マリンワールド	41	50
B	ゴーゴーウォッチング	15	25
C	イルカクラブ	72	80
D	ドルフィンツアー	144	180

【情報2について】

　アンケートに答えた人数に対する満足と答えた割合（満足度）は次の通りで，遭遇率の大きいAとDの満足度の差が2ポイントである。

A　41÷50＝0.82　　82％

B　15÷25＝0.6　　60％

C　72÷80＝0.9　　90％

D　144÷180＝0.8　　80％

2　個人解決（20分）

T　どのツアーにするかを考え，選んだ理由もノートに書きましょう（以下【　】内は選んだツアー）。

C　<u>遭遇回数が多いツアーを選択する【D】</u>
　　遭遇回数が126回だから，一番出会えそう。

C　<u>遭遇率を求めて比較する【AとD】</u>
　　AとDの遭遇できた割合が90％で大きいから，どちらかにする。

C アンケートで満足と答えた人が多いツアーを選択する【D】
　Dはアンケートで満足と答えた人が144人と一番多いということは，イルカに出会えて，快適なツアーだと思うから。
C 満足度を求めて比較する【C】
　Cはアンケートで満足と答えた人数の割合が90％で一番大きいから。
C 遭遇回数と満足と答えた人数がともに多いツアーを選択する【D】
　Dは遭遇回数が126回で一番多く，アンケートで満足と答えた人も144人と一番多いから，イルカに出会えそうであるとともに，快適なツアーであると言えそう。
C 遭遇率と満足度が大きいツアーを選択する【A】
　Aは遭遇できた割合が90％で一番大きく，アンケートで満足と答えた人数の割合も82％で二番目に大きく，総合的に一番大きいと言えるから。
○求めた数値がどのような意味をもっているかを考えさせる。
■情報を解釈し，ツアーを決定できる。
○行きたいツアーについて，理由をノートにまとめるように促す。

3　ペアでの合意形成（10分）

T 隣同士で，どのツアーにしたかと，その理由を伝えましょう。
T 隣の人の考えを聞いて，自分の考えは変わりましたか，変わりませんか？　それはなぜですか？
C 変わりました。○○さんは，割合を求めていて，出港回数や人数が異なるので，その方がよいと思いました。
C 変わりません。私は遭遇回数だけでなく，満足度も考えているからです。
○考えを変えるかどうかではなく，そのときの理由に着目させるようにする。

第2時

4　判断の根拠の再考（10分）

T 今日は，自分が決めたツアーとその理由を説明してもらいます。どのように考えて決めたのかをわかりやすく伝える工夫を考えましょう。

○どのような根拠に基づいているかが理解できたかを確認する。

5　学級での合意形成（20分）

T　それでは、自分が決めたツアーとその理由を説明しましょう。

C　遭遇率と満足度を求めました。遭遇率からはAかDのツアーだけど、満足度はAの方が2ポイント高いので、Aのツアーにします。

C　満足度は人によって感じ方が違うから、遭遇率だけで考えました。AとDは遭遇率が同じで悩んだけど、Dの方がAに比べて出港回数が多いので、Dのツアーにします。

T　出港回数が多い方にしたのは、なぜですか？

C　次、会えなかったとして、そのときの遭遇率を求めると、Aは86％、Dは89％になりました。出港回数が少ない場合の方が、1回の影響が大きいから、Dのツアーの方が会える可能性が高いと考えました。

○どのような根拠に基づいているかが理解できたかを確認する。
■複数の情報や他者の判断の根拠を読み取ることができる。

6　振り返り（15分）

T　自分の考えを振り返って、もう一度、考えてみましょう。最初に選んだツアーから変わりましたか？　理由についてはどうですか？　どのような選び方や理由に説得力がありますか？

（鈴木侑）

対象学年 **6**年　4月中旬ごろ

プロ野球応援アイスクリーム屋さんを開くにはどうしたらよいかな？

❶ 問題場面

> プロ野球応援アイスクリーム屋さんを開くにはどうしたらよいかな？「アイスクリームの定価」「お店の広告の作成枚数」「お店の出店期間」について考えて，出店計画書を作成しよう。

　地域に根づいたプロ野球チームを応援するために，地元スタジアム近くにアイスクリーム屋を開店し，そのアイスを食べて力強い応援をしようという目的で，お店の出店計画書を作成する。

　本授業プランでは，店舗経営の際に考慮する項目を，定価設定，広告作成，出店期間，という3つに限定し，個人・小グループ・学級での意思決定を図っていく。その際，データに基づきながら，定価決定のための式，広告を見て購買行動を起こす人の割合，気温の変化によるアイスクリームの販売数の変化などに関する様々な仮定をおき，それを基に，割合や代表値としての平均を求め，意思決定の根拠に用いることになる。

❷ 意思決定を促す手立て

1　すべての子どもが他者に自己の考えを話す機会の確保

　意思決定を行うには，部分的にでも問題に対する自分の考えをもち，それを他者に話すことが大切である。そのために，本実践では，ジグソー学習法

を用いる。ジグソー学習法は，すべての子どもの対話の機会を保障する学習方法であり，

　ジグソーグループでのエキスパート問題の担当決定
→エキスパートグループに分かれてのエキスパート問題の解決
→ジグソーグループに戻ってのジグソー問題の解決
→学級全体での考えの交流

という2種類のグループ学習を組み合わせた学習過程をとる。このジグソー学習法がすべての子どもの対話の機会を保障するのは，ジグソー問題の解決時である。
　ジグソー問題とは，授業実践を貫く大きな問いのことであり，本実践では「プロ野球応援アイスクリーム屋さんを開くにはどうしたらよいかな？」である。また，「アイスクリームの定価」「お店の広告の作成枚数」「お店の出店期間」について考えることを，それぞれエキスパート問題とする。

2　矛盾を生じさせる対話の機会の設定

　グループ内のすべての子どもが，グループ内の意思決定により深くかかわるようにするために，

　エキスパートグループ①
→ジグソーグループ①
→エキスパートグループ②
→ジグソーグループ②

という活動を設定するとともに，1回目のジグソー学習法のサイクルでは，ジグソー問題の解決に矛盾が生じるような数値設定をする。そして，2回目のジグソー学習法のサイクルで，さらに深い対話を通してジグソー問題を解決できるようにする。

3　3種のエキスパート問題

問題A：定価

　定価とは，お店で商品を売るときの値段です。定価は，商品をつくるのにかかった代金に，利益を加えて決まります。利益とはお店のもうけのことです。ケーキ屋さんのような，食べ物を売っているお店は，大体次のような式で定価を決めていると言われています。

　　定価＝材料費×1.5

　材料費が200円のアイスクリームの定価は，200×1.5＝300となり，定価は300円とすることが多いようです。
　みんなで調べた材料の値段は別の表の通りでした。アイスクリーム1個にほしい材料の量は，次の通りです。

　　牛乳…50 mL
　　卵…1個
　　グラニュー糖…20 g
　　イチゴ…1個
　　チョコクッキー…1枚
　　生クリーム…100 mL
　　バニラエッセンス…少々

☆それぞれの材料は，どのお店で買いますか。そして，アイスクリーム1個あたりにほしい材料費はいくらでしょうか。電卓を使って求めましょう。
☆必勝アイスクリームの定価はいくらにしますか。電卓を使って考えましょう。

問題B：広告

　必勝アイスクリームをたくさん売るためには，このアイスクリームを多くの人に知ってもらう必要があります。そこで，広告をつくって配ることにしました。広告は自分たちでつくります。しかし，印刷は印刷屋さんに頼みます。また，配る場所は，スタジアムでの試合のときに多くの人が通る，H駅からスタジアムまでの間（スタジアムロード）にします。

※球団職員の方のお話によると，試合で10000人のお客さんが来るとすると，約6000人以上の人がスタジアムロードを通ってスタジアムに入場するそうです。

　印刷屋さんに頼んだときの印刷枚数と代金は，次の表のようになります。

表　印刷枚数と代金

枚数	片面白黒	片面カラー
500	¥2480	¥2490
1000	¥3660	¥4430
2000	¥5030	¥5930
3000	¥6430	¥7460
4000	¥7420	¥9480
5000	¥8420	¥11500
6000	¥9720	¥13260
7000	¥11020	¥15030
8000	¥12320	¥16790
9000	¥13620	¥18550
10000	¥13920	¥18960
15000	¥19760	¥27120
20000	¥25620	¥35280
25000	¥31460	¥43440
30000	¥37320	¥51600
35000	¥44040	¥59460
40000	¥50760	¥67320
45000	¥57480	¥75180
50000	¥64200	¥83040

☆広告は白黒にしますか，それとも，カラーにしますか。また，2014年の観客数を参考にすると，何枚印刷する必要がありますか。

☆広告を見た何人に１人がアイスクリームを買うとしますか。そうすると，１日にアイスクリームは何個売れると予想できますか。

※新聞の折り込みチラシを見た人の100人に３人くらいが，お店に行ったり，お店に電話をしたりすると言われています。

|問題C：出店期間|

　必勝アイスクリームをたくさん売るためには，お客さんがアイスクリームを食べたくなるような日に売ることが大切です。日本アイスクリーム協会は，次のように話しています。

　「初夏の行楽シーズンには，お天気の良い野外でアイスクリームを楽しみたいもの。一般に，アイスクリームは，気温が22〜23℃をこえるとよく売れるようになり，30℃をこえるとかき氷が売れるようになる，と言われており，気温とたいへん関係があります。徐々に気温が上がるゴールデンウィークの時期は，アイスクリームを食べるのにぴったりの時期」（日本アイスクリーム協会「アイスBiz実態調査2012」より）

☆アイスクリームが食べたくなる気温のときに，何人に1人がアイスクリームを買うとしますか。
※新聞によると，2013年6月は1日の平均気温が20℃〜25℃の日が20日間，25℃以上の日が8日間あり，例年よりも暑かったため，アイスクリームを含む食品の売り上げが，例年の売り上げが100万円だとすると，122万円まで伸びたということです。
※H市内のあるお店のソフトクリームは，2014年6月には約120個，2015年1月には約60個売れたそうです。
☆アイスクリーム屋さんは，いつからいつまで出店するとよいでしょうか。ただし，スタジアム前にお店を出すには，場所代として1日5万円を支払う必要があります。
☆出店日すべてで，合計何個アイスクリームが売れると予想できますか。

❸ 授業展開例

1 目標

・たくさん売る，赤字にしない，という目的と出店計画書を照らし合わせ，自分自身の意思決定の過程や方法，結果を解釈するとともに，必要があれば，仮定を修正してより合理性の高い出店計画書に修正することができる［B4・相3］

2 指導計画（4時間扱い）

	学習活動
第1時	・学級全体でのアイスの味の決定
第2時	・エキスパート問題の説明書づくり（エキスパートグループ①）
第3時	・出店計画書づくり①（ジグソーグループ①）
第4時	・エキスパート問題の説明書見直し（エキスパートグループ②） ・出店計画書づくり②（ジグソーグループ②） ・学級全体での合意形成

3 主な発問と予想される児童の反応（○指導上の留意点・■評価）

第1時 アイスクリームの味の決定と原材料

T 来年こそは，地元の球団に優勝してもらいたいですね。そのために，スタジアムの近くで必勝アイスクリーム屋さんを開店し，みんなで力強い応援ができるようにしましょう。

C 味を決める必要があるね。何味がいいかな？

C 定価はどうしようか？

※学級全体でのアイスの味の決定は，算数科以外の活動でも可能であり，ここでは省略する。

○二次元表に整理し，多くの意見を見やすく整理する。
○味の決定を基に，原材料を確定し，近隣の商店へ原材料費の調査に行く家庭学習を設定する。

第2時　説明書づくり（エキスパートグループ）

T　前の時間に，アイスクリームの味が決まりました。3つのエキスパート問題に分かれてそれぞれエキスパート問題を説明する説明書をつくろう。
○すべての児童に，昨年の試合結果と今年の試合日程の一覧表を配付する。
○児童の意見を基に，エキスパート問題を選ぶ。
○電卓を用いてもよいことにする。

問題A：定価
C　一番材料が安いお店を組み合わせよう。
C　定価は，材料費×1.5で求めればいいんだね。

表　1個あたりの材料費

材料 （量）	買う お店	値段（量）	1個あたりの量	1個あたりの値段
牛乳	A店	126円(1 L)	500 mL	7円
たまご	B店	100円(1 P)	1個	10円
クッキー	A店	188円(18枚)	1枚	11円
……		……	……	……
合計				210円

定価＝210×1.5　　　　　　　定価315円

エキスパート問題Aの説明書例

○原材料費の調査結果一覧表を問題A担当の児童に配付する。

問題B：広告
C　広告はカラーの方がおいしそうだよね。
C　広告をもらった100人に1人は買うとしよう。
C　開店初日はたくさんお客さんが来るかな？

☆カラーで3000枚
　白黒だとどんな色のアイスかわからないし，カラーの方がおいしそうに見えるから
☆50個
　3000÷100＝30
　初日なら買ってくれる人がもう少し多そう

エキスパート問題Bの説明書例

○広告をもらった何人に1人がアイスクリームを買うと仮定しているかを意識させる。

問題C:出店期間

C よい気温のときに,80人に1人が買うとしよう。

C 去年の試合の気温から考えると4月末かな?

☆アイスクリームが食べたくなる気温のときに,80人に1人が買うとします。
☆去年の気温から考えると4月19,25,26,28,29日のどこかで出店するとよい。

エキスパート問題Cの説明書例

○昨年の月別の気温の変化一覧表を問題C担当の児童に配付する。
○よい気温のときに,観客の何人に1人がアイスクリームを買うかという仮定を意識させる。

第3時　出店計画書づくり①（ジグソーグループ）

1　説明書の説明し合い（自分の考えを話す,10分）

T 3種類の説明書の説明をし合いましょう。

C アイスクリームって結構安くつくれるね。

C 広告はお金がかかるね。

C 何日お店を出したらいいのかな？

C すごいお金がかかるんだね。損しないかな？

○対話に集中させるために,各ジグソーグループで説明書は1枚のみとし,対話終了後に,次のエキスパート問題の説明書を受け取る。

2　出店計画書づくり①（グループでの合意形成,25分）

T お店の出店計画書をつくりましょう。たくさんアイスクリームが売れて赤字にならない店にしよう。

○エキスパートグループで作成した説明書のコピーを配付し,各自が3種類の説明書を見ながら合意形成できるようにする。

C 広告によって売れる個数は,広告の枚数を「100人に1人」のきまりでわればいいね。

C よい気温のときに売れるアイスの個数も同じだね。

C 広告によって売れる個数と気温によって売れる個数は多い方でよいのかな,少ない方かな,たすのかな？

C すごい赤字になったね。困ったね。
○対話が滞ったり，1人の児童ばかりが話していたりしているグループには，教師が介入する。

3　出店計画書①の結果の共有（矛盾の共有，10分）
T 出店計画書はどうですか？
C 赤字になりました。
T アイスが売れても，お店が赤字だと困るね。
C もう一度，エキスパート問題から考え直したい。
○次の活動への意欲を生むために，すべてのグループが赤字となったことを確認する。

第4時 説明書の見直しと出店計画書づくり②

4　説明書の見直し（15分）
T 各エキスパート問題でもっと安くできるところはありますか？　各グループで考え直しましょう。
C 定価は高くしないといけないよね。
C 広告は白黒でもいいかな？
C みんな急いでいないから，アイスは50人に1人が買ってくれるかな？
○机間指導で仮定を変更しているグループを価値づける。そして，その変更の理由についても確認する。

5　出店計画書づくり②（グループでの合意形成，15分）
T もう一度出店計画書をつくってみましょう。
C 何人に1人がアイスを買うかの「きまり」を変えよう。
C よい気温のときに50人に1人だと多いかな？
C 広告を見て買う人とよい気温のときに買う人は，たしても本当にいいのかな？　難しいね。
C 何とか黒字になったね。でも，きまりが難しいね。

出店計画書②の例

出店計画書　　　　　　　　　　　　　　＜1班＞

①	アイス1個あたりの材料費	209円				
②	定価	314円				
③	広告を見た（100）人に（1）人がアイスクリームを買うとすると…					
④	広告種類・枚数・印刷代金	種類	カラー	枚数 1000枚	代金 4430円	
⑤	広告によって売れるアイスクリームの個数	500個				
⑥	よい気温のときに（50）人に（1）人がアイスクリームを買うとすると…					
⑦	出店期間・出店の代金	期間	5月4日	代金 5万円		
⑧	出店期間の入場者数	27000人				
⑨	気温によって売れるアイスクリームの個数	540個				
⑩	{（定価）−（材料費）}×（売れる個数）−（払う代金）	{（314−209）×1040}−54430＝54770				

■目的に照らし合わせて，出店計画書の作成過程の推論方法を見直し，ある程度の妥当性のある理由をもって，仮定を修正した出店計画書を作成できる。

6　学級全体での合意形成（15分）

T　自分のグループの出店計画書を説明しよう。
C　みんな黒字になったけど，きまりは違うね。
C　きまりの部分以外は，どれも正しい計算だね。
C　どのきまりも納得できるから，それぞれの考えのよいところを組み合わせて，きまりを決めよう。
○学級全体での合意形成では，各グループでの説明後，よい考えを組み合わせたり，投票を行ったりしてもよい。

（松島充）

対象学年 **6**年　校内避難訓練の後,「速さ」の学習後

全員安全に避難するにはどこに津波避難タワーを建てたらよいかな？

❶ 問題場面

> 　地域の人が全員安全に避難するには，どこに津波避難タワーを建てたらよいかな？　「地域の情報（年齢別人口・避難経路）」「大地震による被害想定（津波の速さ・範囲）」「避難の方法（避難開始までの時間・移動方法）」について考えて，タワーの建設地を提案しよう。

　東日本大震災の教訓を活かし，徒歩避難を原則とする中で，地域住民が全員安全に避難できるようにするには，どのようにしたらよいだろうか。解決策の１つとして，津波避難タワーの建設が挙げられる。この津波避難タワーを地域のどこに建設するかを考え，市役所への提案書を作成する。
　本実践では，避難状況，津波の進行状況を考えるために，年齢層によって異なる移動する速さを仮定し，実際の地域の地図を用いて海抜を考慮しながら，どの道路を使ってどの方向に避難するかを考える。

❷ 意思決定を促す手立て

1　すべての子どもが他者に自己の考えを説明する機会の確保

　意思決定を行うには，部分的にでも問題に対する自分の考えをもち，それを他者に説明することが大切である。そのために，本実践ではジグソー学習法を用いる。ジグソー学習法は，すべての子どもの対話の機会を保障する学

習方法であり,「ジグソーグループでのエキスパート問題の担当決定→エキスパートグループに分かれてのエキスパート問題の解決→ジグソーグループに戻ってのジグソー問題の解決→学級全体での考えの交流」という2種類のグループ学習を組み合わせた学習過程をとる。本授業プランでのエキスパート問題は,次の3種を地域の実態に合わせて作成する。

問題A：地域の情報

　問い「地域にはどんな人が住んでいて,どんな避難通路があるかな」
・jSTAT MAP（https://jstatmap.e-stat.go.jp/gis/nstac/）などを用いた地域の年齢別人口の情報
・年代別・性別人口,等高線が表示された地域の地図

問題B：大地震による被害想定

　問い「大地震が起こると地域はどうなるのかな」
・地域での大地震の想定震度
・想定震度による学校,家庭の被害の予測,津波の速さとその範囲の予測

問題C：避難の方法

　問い「どうやって避難したらいいかな」
・地震発生から避難開始までの時間の設定
・徒歩,自動車の速さの設定

　そして,これらの問いの解決を持ち寄り,本授業プランのジグソー問題「地域の人が全員安全に避難するには,どこに津波避難タワーを建てたらよいかな」の解決に取り組ませる。

2　現実の情報を基にした解決の必要感のある問題設定

　エキスパート問題の設定では,役所や都道府県庁などの官公庁が公開しているデータを基に現実の問題として構成する。そして,ジグソー問題の解決策を,地域の役所などに提言することを最終目標とする。

❸ 授業展開例

1 目標

・「地域の人が全員安全に避難するには，どこに津波避難タワーを建てたらよいか」の意思決定の過程の妥当性を評価し，より安全な場所を選定することができる［B4・相3］

2 指導計画（2時間扱い）

	学習活動
第1時	・自分たちの住む都道府県に大地震が起きたときの被害想定を知り，津波から避難する必要性を知る。 ・エキスパート問題に取り組み，説明書を作成する。
第2時	・ジグソーグループでエキスパート問題の説明書について友達と対話する。 ・ジグソー問題「地域の人が全員安全に避難するには，どこに津波避難タワーを建てたらよいか」について，各グループ，学級全体で対話する。

3 主な発問と予想される児童の反応（○指導上の留意点・■評価）

【第1時】

1 課題把握（15分）

T もし大地震が起きたら，私たちの県では，どのようなことが起きるでしょうか？
C 建物が壊れる。
C 津波が来るよ。
T 私たちのB小学校は海が近いので，津波も心配です。県のホームページによると，この地域は5〜10mの津波が来ることが予想されています。
○児童に問題意識をもたせるために，各都道府県庁の防災情報から，大地震時の被害想定データを取り出しておき，表示する。
C 揺れが収まったら，すぐ逃げなきゃ。
T 津波から逃げるために，津波避難タワーというものがあります。私たちの地域にはまだありません。津波避難タワーはどこに建てたらよいでし

ょうか？
○津波避難タワーについてわかりやすいように写真を準備しておく。
○問題意識を高めるために，実在する津波避難タワーを紹介するとともに，自分たちの地域の有無について確認させる。

> 地域の人が全員安全に避難するには，どこに津波避難タワーを建てたらよいかな？

2 3種の説明書づくり（エキスパート活動，30分）

T　3人組のジグソーグループの中で，3種類のエキスパート問題を分担し，各グループで説明書をつくりましょう。
○児童の学習意欲を大切にするために，エキスパート問題は児童に選ばせるようにする。
○説明書を作成しやすいように，各グループに地域の地図を配付し，必要に応じて使用してもよいことにする。

問題A：地域の情報
C　僕たちの町の人口は，4619人なんだね。
C　子どもとお年寄りの人数もわかるね。
C　津波から逃げるには，東西に走っている国道を越えて北に逃げる必要があるね。

問題B：大地震による被害想定
C　予想震度の震度6強と津波の高さ8.5mをかき込もう。
C　震度の揺れのレベルの表もかいておこう。
C　津波が来る約15分後までに逃げる必要があるね。
○児童に現実感をもたせるためにエキスパート問題Bの資料には，震度の揺れのレベルを言葉で表現した一覧表を示す。

問題C：避難の方法
C　東日本大震災のときには道路が車で大渋滞したんだね。
C　揺れが収まってから避難するまでに，5分くらいかかるかな？

C 歩く速さは分速80mくらいかな？
C お年寄りは車で避難する方がいいね。どの道を通るとよいか地図にかいておこう。
○児童に現実感をもたせるために，エキスパート問題Cの資料には，東日本大震災時の道路渋滞の様子や，地域の住民全員が歩いて避難できるわけではないことを示す。

第2時
3 津波避難タワー建設場所の意見書の作成（ジグソーグループ，20分）
T エキスパート活動でつくった説明書を，ジグソーグループの中で説明し合いましょう。わからないことはどんどん質問しましょう。
○ジグソーグループでは，単なる報告会とならないように，わからないことは質問するように促す。
T ジグソー問題は「地域の人が全員安全に避難するには，どこに津波避難タワーを建てたらよいかな」でしたね。この問題の答えを考えながら，話し合いましょう。
○新たな知識をつくり出す対話となるように，ジグソー問題を提示し，エキスパート問題での説明書を基に思考させ，意見書を完成させるようにする。
C 地域にはたくさん人がいるなあ。お年寄りの数も結構多いね。
C 津波の高さは，8.5mもあるんだね。それが揺れてから15分後に来るなんて逃げられるかな？
C 歩く速さは分速80mで，15分あればどこまで逃げられるかな？
○意見書は，建設場所を地図上で示し，その理由を書くようにする。

4 学級での合意形成（20分）
T 各ジグソーグループの意見書を黒板に貼って下さい。それぞれ建設場所とその理由を発表しましょう。
○発表が間延びしないようにするために，建設場所とその理由を簡潔に発表させる。発表後は，同じ考え同士でまとめて掲示する。
C 町内の東側の公園に建てるとよい。西側には，ビルがあるし学校もある

から，そこに逃げられる。
C　揺れが収まってから，5分以内に避難を開始したとして，あと10分あるから，健康な人は，80×10＝800で800m逃げられる。800mあれば，町内の人はみんな津波避難タワーに逃げられるから大丈夫。
C　地図に半径800mの円をかけば，この町内のどこにいても，避難できるビルがあることがわかるね。
C　でも，自分で歩けない人は車で避難するしかない。車がなかったり，渋滞していたりしたら困るから，避難できるビルの少ない町の東側に津波避難タワーを建てる方がよい。
C　おじいさんやおばあさんは，歩くのが遅いから，1分で40m歩けるとすると，10分間で400mしか避難できないね。
C　地図に半径400mの円をかくと，やっぱり町の東側の人には，10分間で避難できるビルがないね。東側には津波避難タワーがほしいよね。
○建設場所の根拠として，津波の到達時間とその高さ，歩く速さを基に避難可能かどうかを議論している姿を認め，褒める。
○地図上に避難可能な範囲を円で示しているグループを取り上げ，黒板上の大きな地図でも示すようにする。
○歩く速さの仮定を人によって変えているグループの考えを取り上げ，そのよさを認め，褒める。
■地域住民の様々な人の立場で建設場所を考え，その意思決定の過程の妥当性を考えることができる。

5　まとめ（5分）

T　学級として，どのような案を市役所に提案しますか？
C　東側の公園の近くに建てるといいね。おじいさん，おばあさんも避難できそうだからね。
○1つの案に絞りながら，その案の妥当性を再確認する。

(松島充)

対象学年 **6**年　柱状グラフ（ヒストグラム）の学習中・後

全校投票で選ばれるように親しみやすいキャラクターをつくろう！

❶ 問題場面

> 虫歯を減らす取組として、「よい歯バッジ」のキャラクターを募集しています。全校投票で選ばれるように親しみやすいキャラクターをつくろう。

　学級として1つのキャラクターを応募する。それを決めるには、個々が作成したキャラクターについて投票し、最も票数の多かったキャラクターにすると考える児童が多いことが予想される。それに対して、本授業プランでは、目の位置に着目し、どのような位置にあると親しみやすいキャラクターになるのか、すなわち、親しみやすいキャラクターの目の位置の傾向を探り、それに基づいてキャラクターを作成したり、選んだりすることをねらいとする。

❷ 意思決定を促す手立て

　本授業プランでは、意思決定の方法に焦点を当てる。具体的には、まず、投票をし、最も票数が多かったキャラクターにする方法では「学級でつくられたキャラクターのうち」「学級の児童がよいと思う人が多いもの」を選んでいるだけであり、全校投票で選ばれるための決め方としては弱いことに気づかせる。次に、親しみやすさに影響する要素（要因）を挙げさせ、その中で「目の位置」に着目し、親しみやすい目の位置の傾向を探るためのアンケ

ート作成や，その集計方法を考える場面を設ける。そして，アンケート結果を根拠にした，合意形成に至るようにする。

❸ 授業展開例

1 目標
・キャラクターの親しみやすい目の位置の傾向を調べるためのアンケートを作成することができる［B1・相2］
・アンケート結果を基に，親しみやすい目の位置の傾向を決めることができる［B3・相2］

2 指導計画（3時間扱い）

	学習活動
第1時	・キャラクターの親しみやすさに関係する要素には，どのようなものがあるかを考える。 ・親しみやすい目の位置を調べるためのアンケートを作成する。
第2時	・アンケートの結果を集計し，親しみやすい目の位置の傾向を探る。
第3時	・調査の方法と分析の結果を発表し，評価し合う。

3 主な発問と予想される児童の反応（○指導上の留意点・■評価）

第1時

1 課題把握（15分）

T 「よい歯バッジ」のキャラクターが募集されています。みんなで1つのキャラクターをつくり，それを応募しましょう。どのようなキャラクターにしますか？
C かわいいキャラクターにしたい。
C 男子も女子も好きになるようにしないとダメだと思う。

T 「親しみやすい」ということですね。例えば，これ（右の図）を親しみやすいキャラクターにするには，どうしたらいいでしょうか？
C （それぞれが親しみやすいと思うキャラクターを描く）
T いろいろなキャラクターができたようですが，どれにしたら全校投票で選ばれるでしょうか？
C 投票すればよい。
C いろいろ違うところがあるので，比べるのが難しい。
T 共通していることはないですか？
C みんなばらばら。
C 目が大きいのが多い。
C 口がニコッとしている。
T 目や口が影響しているみたいですね。「親しみやすさ」には，何が重要なのかを考えてみましょう。
C 目の大きさ。
C 口の形。
C 目の位置。
T （目の位置だけが異なるキャラクターを提示して）どうですか？
C Aの方がかわいい。
C 目の位置が変わっただけで，印象が変わる。
○全校児童の投票で選ばれるためには人気，かわいさ，親しみやすさが必要だということを全体で押さえる。

2 解決の計画①（30分）

T 親しみやすい目の位置を決めたいと思います。どのようにして調べますか？
C アンケートをすればよいと思います。
T どのようなアンケートですか？
C 目の位置を変えたキャラクターの中から選んでもらう。

C 親しみやすい位置に目を描いてもらう。
T アンケートをつくり，調査してみましょう。
○「フィッシュボーン図」に書かせてもよい。中心の骨に「親しみやすさ」と書き，それに続く小骨に「目」「眉毛」「口」など親しみやすさの要因を書く。さらに，「口」に続く小骨に「大きさ」「位置」など，より具体的な要因を書く。

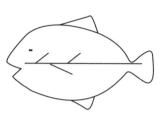

○児童の考えた親しみやすさについての要因をそれぞれ認めつつ，今回は「目の位置」に着目する。「目の大きさ」は統一しておく。

第2時

3 解決の計画②（集計方法を決める）（20分）

T アンケート結果を用いて「親しみやすい目の位置」を決めるには，どうしたらよいでしょうか？
C どれが一番人気だったかを調べればよいと思います。
C それぞれのキャラクターを何人が選んだか，選んだ人の数を数えます。
C このアンケートの中で1位なだけで，他の班のものが混ざったら，1位ではないかもしれない。
C アンケートごとに目の位置が異なるので，決められません。
C でも，「大体この辺り」というのはわかる。
T 「大体この辺り」とはどこですか？ より細かく「目の位置」を決め，「親しみやすい目の位置はここだ」と結論づけるには，どうしたらよいでしょうか？

4 グループでの合意形成（25分）

C1 自分の班の人気1位の目の位置を測る
　　目の高さ　　　　　…口から1cm
　　　　　　　　　　　…頭から1cm
　　目と目の間隔　　　…1.5cm
　　顔の横の線からの距離…1cm

C2 　自分のアンケートに使用したキャラクターそれぞれの目の位置を分類し，目の位置と投票数を表す

親しみやすい目の位置

目の高さ	人数（人）
上	1
真ん中	6
下	4
合計	11

C3 　それぞれの目の位置を測り，目の位置と投票数を柱状グラフ（ヒストグラム）に表す

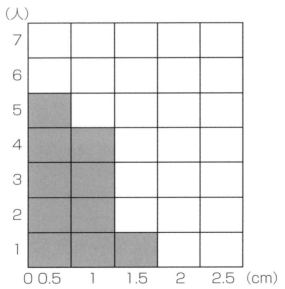

親しみやすい目の位置（目と目の間）

C4 　自分の班の人気1位の目の位置を比で表す
　　　目の高さ　　　　　…口から1
　　　　　　　　　　　　…頭から
　　　目と目の間隔　　　…1.5
　　　顔の横の線からの距離…1

○1位の目の位置だけを測っている班には，他に人気があったキャラクターと似ているところ，人気がなかったキャラクターと違うところに着目させ，親しみやすさの傾向を考えさせる。

第3時

5　学級での合意形成（30分）

T　では，グループごとに「親しみやすい目の位置」について発表してもらいます（班ごとに発表）。

T　それぞれの班の発表を聞いて，調べ方や考え方のよさや問題点を話し合いましょう。

C　ヒストグラムを使うと，どの目の位置が親しみやすいか，大体の位置がわかってよいと思います。

C　どの班も大体，真ん中か，真ん中より少し下の位置が「親しみやすい目の位置」だと思います。

C　それぞれの班のアンケート結果の1位を集めて，その中でさらに「親しみやすい目の位置」をアンケートすれば，本当の1位がわかると思います。

■データを取り，根拠をもって説明することができる。

6　まとめ（15分）

T　次は目の位置以外についても調べてみましょう。そのとき，どのような調べ方や決め方をするかについて書きましょう。

○自分たちの問題解決を振り返り，問題点やよりよくする方法を考えさせる。

（冨樫奈緒子・山下雅代）

第4章

これから求められる「資質・能力」の育成に向けて

グローバル化と問題解決能力の育成

Depaul University 高橋 昭彦

❶ 強調される問題解決能力の育成

　我が国の算数・数学教育において，問題解決能力の育成が叫ばれるようになって久しい。しかし，学校現場において，問題解決という言葉の意味が十分に理解され，主体的に問題を解決することのできる子どもを育てる授業が具体化されているとは言い難い。

　この背景には，これまでの算数・数学教育が，日々の授業を通して知識・理解・技能を身につけることに重点を置き，それがいかに定着しているかを評価することによって学習者の学力を数値化することを，過大に重視してきた経緯があると言えよう。さらに，このような知識・技能偏重の学校教育を通して，これまで長年の間に社会に定着してきた算数・数学科に対する固定観念が，問題解決能力を育成する上での授業改善に，大きな障害となっていることも事実である。また，このような固定観念によって，学校現場だけではなく，保護者を含めた社会全体が，自らのもつ教育観，そして，教科観を変えられず，時代に即応した算数・数学教育の改革を難しくしてきたと言える。

　本来，問題解決とは，単に身につけた知識・理解・技能を適用し，あらかじめ解答が1つに決められた問題を解くことのみを意味するものではない。むしろ，あらかじめ正解が定められていない問題に対して，身につけた様々な知識・理解・技能を駆使し，最も妥当と思われる解決の方法を自ら考え，実行し，その結果の妥当性を検証していくことこそが重要である。算数・数

学が，子どもにこのような問題解決能力を身につけることを目的にしていることを考えれば，知識・理解・技能の習得とその評価のみに多くの時間を費やしてきた，今日の教科教育を改めることが重要であることがわかるだろう。

このような真の問題解決能力育成の重要性は，80年代から強調されてきたことである。21世紀になった今，グローバル化が急速に進み，先進国はもちろん，発展途上国の教育現場でも，問題解決能力を育成することの重要性が，ますます強調されるようになってきた。これは，多様な民族，多様な地域，多様な宗教，そして，多様な国家間のかかわりが，交通機関やインターネットの発達により密接になり，これまでにだれも経験しなかったような問題が頻繁に起こるようになったことと，決して無関係ではない。

❷ 国際的な視点から見た本研究への期待と課題

真の問題解決能力の育成を求めながらも，なかなか教室で行われる算数・数学の授業で，問題解決能力を育てるような指導を実現することができない。このジレンマは，日本のみならず，世界の多くの国々が直面している課題である。

我が国の算数・数学教育，特に，小学校から中学校にかけて広く行われるようになってきた問題解決型の授業は，子どもが数学的な考え方を用いて問題を解決し，その過程で主体的に算数・数学を創造していく学習の可能性を示すことに成功したと言える。しかし，残念ながら，我が国の子どもが，与えられる内容や問題の解き方をただ待つのみでなく，算数・数学の問題を自ら考え，解決する能力を身につけるところにまで至っているとは言えない。事実，現在の教科書にある問題のほとんどが，あらかじめ正解が定められている問題ばかりであり，子どもが自らの考えで解決を見いだし，その妥当性を検証するような学習活動を，十分に保証するものとはなっていない。

本研究の目指す教材開発とそれを最大限に生かす指導法の開発は，まさに算数・数学教育に携わる研究者が，そして，我が国の学習指導要領を始めとする各国のカリキュラムが長年にわたって強調してきた問題解決能力の育成を具現化するために，重要な役割を担っている。

　子どもの日常生活にかかわる題材を観察し，そこに算数・数学の問題を見いだし，数学的な手法や論理的な考え方を駆使して自分なりの解決策を見いだす。そして，これを仲間との議論を通して検証し，より妥当性のある解決策を導き出す。このような一連の活動を，算数・数学のカリキュラムの中に意図的・計画的に位置づけることは，現在の知識・理解・技能の習得に大きく偏りすぎた算数・数学科の内容を，より時代の要請に応える形にしていく上で重要な研究である。

　従来の教科観にとらわれず，より積極的に身につけた算数・数学を活用し，さらにその過程を通して新しい算数・数学の内容を身につけていくような，カリキュラムの構築に向けた第一歩として，本研究の担う役割は重要な意義をもっているものとして，期待されている。

意思決定：その定式化の課題

独立行政法人統計センター　椿　広計

❶　行動の対価と効用の数理的把握

　意思決定を行う際に，決定によってもたらされる状況の利得や価値がどのようなものかは，可能な限り定量的に議論されなければならない。

　自動販売機で110円のジュースを買うことは，110円以上の価値があると購買者が感じるから行うのである。自動販売機には，110円で買えるお茶，コーヒー，ジュースがあるとしたとき，その中でジュースを選ぶというのは，それが110円以上の価値を与える飲料の中で，そのときに最も価値が高いと考えるからである。

　一方，そこで飲料を買わないという選択を行うということは，110円を超える価値のある飲料がないということである。実際，自分のかばんに飲料が入っていれば，そこで飲み物を110円出して買うという意志決定の価値は，ほとんどないだろう。

　この種の意思決定に伴う対価は，客観的に明確だが，それがどのような主観価値を個人に与えるか，価値と対価の差である「効用（Utility）」がどの程度かというのは，個人や，個人が置かれた状況に依存している。しかし，初・中等教育の授業で，この種の主観的価値や効用の評価をどのように定式化するかと言ったら，複数の選択肢に順位をつけさせて，それぞれの効用に関する不等式条件を意識させるような操作があるだろう。効用が確定しない，不等式で示される不確かさをもつとしたら，その種の状況を確率分布で表現するといった工夫も可能となる。

❷ 不確かな状況のもとでの意思決定

　第3章の「どのイルカウォッチングツアーに行くかを決めよう！」のように，意思決定に基づく効用自体が，イルカを実際に見ることができるか否かで大きく変わる場合は，将来どのような事象が生じるかについて確率を導入し，効用の期待値，期待効用を最大化する行動を選択するといった定式化が有用になる。

　イルカを確実に見ることの効用が5000円だったとする。もし，たまにしか見られないツアーの効用が1000円だとすれば，実は，後者のたまにしか見られないということは，主観確率20%で観測事象が生じていると考えていることになる。しかし，実際にイルカを見ることができる相対頻度情報が与えられていれば，客観確率と主観確率とのギャップから，効用の評価が誤っているという議論も可能となる。

　また，この授業プランでは，客観確率も本来不確かさをもっていて，区間で示されるべき状況だということに気づかされる。二項分布は，初・中等教育で扱える確率分布である。イルカを観測できた相対頻度から，実際の観測確率にかかわる区間推定を行い，最善の期待効用と最悪の期待効用という，状況に応じた期待効用の不確かさを確率分布で把握することは，社会生活における意思決定にとって極めて重要である。

❸ 個人の意思決定から集団の意思決定へ

　個人が集団あるいは社会を構成して一定の意思決定を行うことのメリットは，個々人が払う対価の総和が大きな社会効用を生むことにある。特に，集団がモノやサービスを共有してその効用を享受することが可能なら，社会の形成には大きな価値が生じる。もちろん，集団を形成することで団体割引のように対価が減少して，社会効用を増大させることもある。

一方，集団の意思決定は，通常，集団を構成する個々人の効用にばらつきを生じさせる。大きな効用を得られる個人もいれば，そうでない個人もいるという，不平等が発生するのである。特に個人が，自身が支払える対価だけで，より大きな効用を享受できるのならば，集団に属するメリットはない。集団全体の期待効用を可能な限り大きくするという数理的最適化問題に対して，いかに個々人の期待効用を一定以上にするかという，他者を慮る制約条件を考察させることが，集団を対象とした数理的意思決定教育では重要となる。

教科横断的な視座から見た課題

国立教育政策研究所 松原 憲治

❶ 教科横断的な視座の必要性

　本節では,まず,教科横断的な視座の必要性を示す。教科横断的な学習は決して目新しい取組ではないが,資質・能力の育成に基づく教育改革の中において,近年再評価されてきていると言える。

　資質・能力の育成を志向する際,教科横断的な視座が必要と考えられている。この点については,中央教育審議会において議論され,表のように「論点整理」の中で示されている。

表　資質・能力の育成と教科横断的な内容に関する学習

（教育課程全体を通しての取組） ○これからの時代に求められる資質・能力を育むためには,各教科等の学習とともに,教科横断的な視点で学習を成り立たせていくことが課題となる。そのため,各教科等における学習の充実はもとより,教科等間のつながりを捉えた学習を進める観点から,教科等間の内容事項について,相互の関連付けや横断を図る手立てや体制を整える必要がある。

出典　中央教育審議会教育課程企画特別部会「論点整理」,2015,p.22

　一方,諸外国においても,資質・能力を育成する学習活動の取組として,

教科横断的な内容に関する学習が示されている（梅澤，2015）。

　例えば，イギリスにおいては，小学校（初等学校）で教科別になっていても，実際には，教科を横断したトピックの学習として授業がなされている（新井，2015）。また，フィンランドでは，2016年度から実施予定の教育課程基準（改訂版）において，「教科横断的テーマ」が各教科内容に埋め込まれる形式となっている（渡邊，2015）。

　このように，国内外において，教科横断的な視座や学習内容は，資質・能力を育成する学習活動の観点から注目されている。

　では，なぜ資質・能力の育成のために，教科横断的な視座が必要なのだろうか。

　学校で子どもたちが学ぶ各教科等の知識や見方・考え方は，子どもたちが実社会で，よりよく生きていくことに寄与することが期待される。しかし，子どもたち自身が，各教科等の枠組みを越えて，それらを統合し，実社会の場面において活用することは，なかなか容易ではない。このことから，当該教科の枠組みを越えて，横断的な学習内容や文脈を，学校全体での取組や授業において意図的に用意することが求められるのである。

❷ 本研究の価値と課題

　本研究では，算数を軸に置きつつも，教科の枠組みを越えた教科横断的な学習内容や文脈を提示するために，具体的な教材，授業の原則，評価，そして，授業プランの例を示している。

　各教科で学習したことを統合し，総合的に判断することを子どもに任せるのではなく，教材や評価などによって，意図的に示すことを試みている。本研究の価値はそこにある。資質・能力の育成をより意識するためには，そのような場面を授業に設けることが重要である。

前述の「論点整理」では，

　教科等における学習は，知識・技能のみならず，それぞれの体系に応じた思考力・判断力・表現力等や情意・態度等を，それぞれの教科等の文脈に応じて育む役割を有している（2015，p.15）

と示している。本研究の成果を生かすことで，各教科における知識や見方・考え方などの固有性を大事にしつつ，統合性や実世界との関連を意識した教科横断的な内容を，総合的な学習の時間のみならず，各教科の中に位置づけることができるようになると考えられる。

　本研究への課題及び期待としては，本研究の強みである理論的な検討と授業現場における実践の双方からの知見により，各教科における知識や見方・考え方などの固有性と，統合性や実世界との関連の間におけるバランスについて検討を続けることを挙げたい。

〈引用・参考文献〉
・新井浅浩（2015）イギリス（イングランド）梅澤敦（研究代表）「諸外国の教育課程と学習活動」，『国立教育政策研究所平成27年度調査研究等特別推進経費調査研究資料』，pp.10-11
・石井英真（2015）『今求められる学力と学びとは―コンピテンシー・ベースのカリキュラムの光と影―』，日本標準.
・梅澤敦（研究代表）（2015）「諸外国の教育課程と学習活動」，『国立教育政策研究所平成27年度調査研究等特別推進経費調査研究資料』.
・中央教育審議会教育課程企画特別部会（2015）「論点整理」.
・渡邊あや（2015）フィンランド梅澤敦（研究代表）「諸外国の教育課程と学習活動」，『国立教育政策研究所平成27年度調査研究等特別推進経費調査研究資料』，pp.14-15

汎用的能力の視座から

国立教育政策研究所　後藤　顕一

❶ 資質・能力を育成する学びに向けて

　国では，これから求められる資質・能力に向けて「何ができるようになるか」という視点で要素の整理をしている（中央教育審議会，2015）。

ⅰ）何を知っているか，何ができるか（個別の知識・技能）
ⅱ）知っていること・できることをどう使うか（思考力・判断力・表現力等）
ⅲ）どのように社会・世界と関わり，よりよい人生を送るか（学びに向かう力，人間性等）

　向かうべき目標であるⅲ）の説明として，

　資質・能力を，どのような方向性で働かせていくかを決定付ける重要な要素であり，以下のような情意や態度等に関わるものが含まれる。
・主体的に学習に取り組む態度も含めた学びに向かう力や，自己の感情や行動を統制する能力，自らの思考のプロセス等を客観的に捉える力など，いわゆる「メタ認知」に関するもの。
・多様性を尊重する態度と互いのよさを生かして協働する力，持続可能な社会づくりに向けた態度，リーダーシップやチームワーク，感性，優しさや思いやりなど，人間性等に関するもの。

としている。

これらの求められる資質・能力は，学校生活全体にかかわるものであり，教科においても教科を横断するような能力，すなわち，汎用的能力であると言える。

　このような汎用的能力を育成するためには，「何を学ぶのか」といった目標・内容を明確にするとともに，「どのように学ぶのか」といった学習者が主体的・協働的に学ぶことができるように不断の授業改善を行う必要がある。さらに，それぞれのつながりを意識し，学習評価につなげていくことが求められる。

　「何を学ぶのか」「どのように学ぶのか」については，教育課程全体を見通し，教科指導においても，日常や社会の様々な場面で活用できる体系化された知識・技能として身につけていく内容構造と育成を可能にする学習活動が求められる。

　そして，各教科等に関する個別の基礎的・基本的な知識・技能を着実に獲得することはもちろんのこと，既存の知識・技能と関連づけたり，組み合わせたりしていくこと，すなわち，教科を超え，教科のつながりを意識することが必要になってくる。

　また，そのためには，学ぶ価値のある文脈における学習プロセスの中で，問題発見・解決を念頭に置いた深い学びの過程が実現できるように，教科固有の「問い」だけではなく，「真正な学び」に向けたリアルな「問い」に向き合う必要も出てこよう。

❷ 本研究への期待と課題

　これから求められる資質・能力の育成に向けて，本研究が果たすべき役割は大きい。

　本研究の在り方は，学ぶべき内容（コンテンツ）と学ぶ価値のある文脈（コンテキスト）が結びつきを意識し，「真正な学び」に向けたリアルな「問

い」を据えて,主体的・協働的な学びを通して,学習のプロセスの中で,問題発見・解決を行い,評価にまで結びつけられるよう,検討・改善を求め続けており,国が求めている学びのモデルと言える。

　今後は,求められる資質・能力（汎用的能力）の育成に向けて,我が国の子どもが学ぶべき内容と学ぶべき文脈とを結びつけ,整理・構造化して,教育課程に位置づけていく必要がある。さらに,学習活動をデザインし,学びを深め,学習評価や授業評価につなげていくことが必要となるだろう。

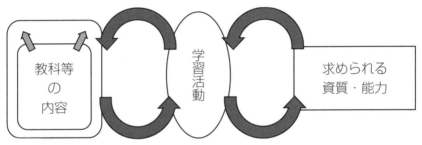

図　求められる資質・能力と内容と学習活動の結びつき

　学習評価については,子どもの学びを教師が見取る一方的なアチーブメント・テスト型,アウトカム評価である「非参加型評価」から,教師と子どもが一体となって進捗状況を見据えながら状況改善を目指し,子どもは自己の学びを,教師は授業を検証改善するような「参加型評価」（源,2007）への変化を目指し,実践につなげていくことが期待される。

〈引用・参考文献〉
・中央教育審議会教育課程企画特別部会（2015）「論点整理」.
・源由理子（2007）「参加型評価の理論と実践」,三好皓一『評価論を学ぶ人のために』,世界思想社,pp.95-112
・国立教育政策研究所（2015）『資質・能力を育成する教育課程の在り方に関する研究報告書1』（一部改変）.

【編著者紹介】
西村　圭一（にしむら　けいいち）
東京学芸大学教育学部教授

【執筆者紹介】
長尾　篤志（文部科学省初等中等教育局）
山口　武志（鹿児島大学）
久保　良宏（北海道教育大学旭川校）
清水　宏幸（山梨大学）
松嵜　昭雄（埼玉大学）
清野　辰彦（東京学芸大学）
青山　和裕（愛知教育大学）
菅原　恵美（北海道札幌市立星置東小学校）
鈴木　春香（東京都小平市立小平第六小学校）
久下谷　明（お茶の水女子大学附属小学校）
山下　雅代（電気通信大学大学院院生）
冨樫奈緒子（東京都荒川区立汐入東小学校）
室谷　将勝（東京都北区立王子第一小学校）
青山　尚司（東京都小平市立小平第九小学校）
宮﨑　史和（高知県教育委員会西部教育事務所）
鈴木　侑（東京都荒川区立汐入東小学校）
松島　充（広島大学附属東雲小学校）
高橋　昭彦（DePaul University）
椿　広計（独立行政法人統計センター）
松原　憲治（国立教育政策研究所）
後藤　顕一（国立教育政策研究所）

真の問題解決能力を育てる算数授業
―資質・能力の育成を目指して―

2016年10月初版第1刷刊　Ⓒ編著者　西　村　圭　一
　　　　　　　　　　　　　発行者　藤　原　光　政
　　　　　　　　　　　　　発行所　明治図書出版株式会社
　　　　　　　　　　　　　　　　　http://www.meijitosho.co.jp
　　　　　　　　　　　　　　　　　（企画・校正）赤木恭平
　　　　　　　　　　　　　〒114-0023　東京都北区滝野川7-46-1
　　　　　　　　　　　　　振替00160-5-151318　電話03(5907)6701
　　　　　　　　　　　　　ご注文窓口　電話03(5907)6668

＊検印省略　　　　　　　　組版所　共同印刷株式会社
本書の無断コピーは，著作権・出版権にふれます。ご注意ください。

Printed in Japan　　　　　　ISBN978-4-18-236011-4
もれなくクーポンがもらえる！読者アンケートはこちらから　→